Johannes vom Kreuz · Lebendige Flamme der Liebe

Johannes vom Kreuz

Lebendige Flamme der Liebe

Herausgegeben und neu übersetzt
von Erika Lorenz

Kösel

ISBN 3-466-20398-8

Druck und Bindung: Kösel, Kempten
Umschlag: Elisabeth Petersen, Glonn
Umschlagmotiv: El Greco, Ausschnitt aus dem Bild
»Der Erlöser« (1604-14), Greco Museum, Toledo.

1 2 3 4 5 · 99 98 97 96 95

Gedruckt auf umweltfreundlich hergestelltem Werkdruckpapier (säurefrei und chlorfrei gebleicht)

Inhalt

*Die Untertitel sind von der Herausgeberin eingefügt.

»Ein Fluidum von Zukunft und Modernität«

Hinführung zum letzten Werk des Johannes vom Kreuz

Johannes vom Kreuz war seinem ganzen Wesen nach ein Künstler. Er sang gern, schnitzte kleine Holzskulpturen, skizzierte – vor allem aber war dieser von Gottesliebe berauschte Mensch ein Dichter, dem sich das mystische Erleben in Rhythmus, Klang und farbige, symbolträchtige Sprachbilder umsetzte. Nur im Gedicht wollte er diesen tiefsten Herzenserfahrungen Ausdruck geben. Doch seine geistlichen »Töchter und Söhne« verlangten nach einer Führung auf ihrem kontemplativen Weg, die von der Vielsinnigkeit des Kunstwerks zur Einfachheit des Verstehbaren und Nachvollziehbaren überging. Und Johannes, der sah, wie hilfreich ein solches Bemühen für die ihm Anvertrauten war, ließ sich zu Erläuterungen bewegen.

So sprach er denn in Prosa über die Bedeutung, über Voraussetzungen und Konsequenzen des im Kunstwerk der Sprache Kristallisierten, und er sagte es bald kommentierend, bald in Form einer kurzen Abhandlung, oft aber auch im lyrischen Weiterschwingen eines begeisterten Sprechens, denn die eigentliche Erfahrung ließ sich nur so andeuten. Erklärbar war sie nicht, nur über Weg und Wirkung ließ sich sprechen. Hier formte sich das aus, was die Mystik eines Johannes vom Kreuz zur eigentlich »klassischen« macht: die Verwendung einer dem Neulatein und der Vulgata nahen Sprache, der eine differenzierte theologische Terminologie zur Verfügung stand, ihre in Spanien schon erreichte Flexibilität und Klarheit, in der das »Siglo de Oro«, das kulturelle goldene Zeitalter, gründete. Und die daraus resultierende Fähigkeit, Erfahrenes psychologisch auszudrücken, um es auf biblischer Grundlage für eine nachvollziehbare Lehre der Kontemplation, d.h. des mystischen Weges, zu verwenden[1].

Allen großen Werken des Johannes vom Kreuz lag ein Gedicht zugrunde, dem *Aufstieg zum Berge Karmel*, der *Dunklen Nacht*, dem *Geistlichen Gesang*[2] und schließlich der *Lebendigen Flamme der Liebe*, die ihren Titel dem ersten Vers des Gedichts verdankt: »Oh llama de amor viva«, wobei das zu »llama« gehörige Adjektiv »viva« um des Reimes willen nachgestellt ist, also heißt es eigentlich: »Oh llama viva de amor«[3], o lebendige Flamme der Liebe! Juan de la Cruz schrieb alle diese Prosawerke erst in den letzten zehn Jahren seines Lebens, während die Gedichte oft aus früherer Zeit vorlagen. An eine Veröffentlichung dachte er nicht. Die *Lebendige Flamme* entstand 1585/86 inmitten großer äußerer Belastungen durch Ämter und Gründungsaufgaben in Granada, nur zwei Wochen brauchte der »Doctor mysticus«, wie man ihn schon bei seinem Seligsprechungsprozeß nannte, in schöpferischer Intensität für die Niederschrift[4]. Es wurde das spontanste und zugleich souveränste seiner Werke. Er widmete es der Witwe *Ana de Mercado y Peñalosa*, die viel für den werdenden Orden tat und die er seelsorgerisch betreute. Ein »Monument des Laienapostolats« im Sinne des II. Vatikanums[5] nennt es das Vorwort der spanischen BAC-Edition von 1991. Juan überarbeitete die »Llama« wenige Monate vor seinem Tode zu einer mäßig veränderten zweiten Fassung, die ihn noch auf dem Sterbebett beschäftigte[6].

Ein Spezialist des Johannes vom Kreuz, nämlich kein geringerer als Papst *Johannes Paul II.*, der als junger Priester Spanisch lernte, um den großen Mystiker und Dichter im Original lesen und seine Dissertation über ihn schreiben zu können, nennt in seinem erstaunlich persönlichen Buch »Die Schwelle der Hoffnung überschreiten« Juans *Lebendige Flamme der Liebe* »das Hauptwerk« des großen spanischen Mystikers und Dichters[7]. Dabei ist es das kürzeste und zudem das am wenigsten bekannte. Denn es ist ein konzentriert mystisches Werk, kein weitgehend asketisches, wie es die berühmten ersten sind. Doch in seiner poetischen Konzentration schließt es alles früher Gesagte ein und macht in großen, schwungvollen Bögen eine menschliche Möglichkeit vertraut, die man ruhig die höchste nennen könnte. Sie ist nicht »ungewöhnlicher« als die Aussagen der Bibel, besonders im einzigartigen Johannes-Evangelium, mit dem man die Schriften des spanischen Mystikers in ihrem Verhältnis zur Spiritualität seiner Zeit verglichen hat[8]. Der maßgebliche Herausgeber des Gesamtwerks des Juan de la Cruz, Pater Silverio a Santa Teresa OCD, dem wir die Absatznumerierungen in allen heutigen Editionen verdanken, nannte die »Llama« das überragende Werk der christlichen Mystik[9].

Die Bibel ist Basis aller Darlegungen des Juan de la Cruz, neben dem Johannesevangelium vor allem das Alte Testament mit seinen poetischen Bildern. Jeder Abschnitt stützt sich auf ein Zitat aus der lateinischen Vulgata, das er oft in recht freier, der Auffassung seiner Zeit oder dem eigenen schriftstellerischen Bedürfnis entsprechenden Weise ins Spanische übersetzte. Das war damals für Theologen ein durchaus legitimes Verfahren. Seine Bibelzitate weichen folglich von den heutigen Übersetzungen oder auch von der auf griechische und hebräische Quellen bezogenen Lutherbibel erheblich, manchmal bis zur Unkenntlichkeit, ab. Juans Vorläufer und Vorbilder auf dem Gebiet der »mystischen Theologie« werden von ihm nur selten genannt, am ehesten noch *Dionysios Areopagita* (um 600). Sein mystisches Hell-Dunkel der »negativen Theologie«[10] wird aber bei Juan de la Cruz von einem spontan Gewußten durchbrochen, das alles Schematisieren hinter sich läßt, damit aus dem mystischen Licht die Flamme der Liebe hervorgehe.
Der Mangel an Hinweisen auf Vorbilder[11] ist nicht nur, wie einige meinten, eine Vorsichtsmaßnahme gegen die so viele bewährte Schriften verdammende spanische Inquisition in der zweiten Hälfte des 16. Jahrhunderts. Er gründet vielmehr in der Tatsache, daß Juan von seiner eigenen inneren Erfahrung ausgeht, auch wenn er manchmal die gelehrt klingende scholastische Sprache benutzt. Die »Seele«, also die Protagonistin aller Darlegungen, ist kaum verhüllt vor allem Johannes selbst. In dieser zarten Verborgenheit wird das Persönliche ins Allgemeingültige übertragen. Aber auch Erfahrungen der ihm Anvertrauten fließen ein, natürlich die der Adressatin des Werks, *Ana de Peñalosa*, aber auch solche seiner Ordensmutter *Teresa*

de Jesús [von žžÁvila]. Was Johannes vom Kreuz hier gibt, ist eine *Psychologie der mystischen Erfahrung*. Psychologie im Sinne der alten »Seelenkunde« als eines durch Introspektion gewonnenen praktischen Wissens um innere Vorgänge und Gesetzmäßigkeiten, die – bei Gespür für das Unbewußte – der Überzeugung unterliegen, daß der Mensch in seiner letzten Bestimmung die Grenzen des Nur-Menschlichen zu überschreiten hat. Damit wird auch klar, daß das heute oft schon befremdlich klingende Wort »Seele« nicht gleichzusetzen ist mit »Psyche«. Seele meint mehr, sie bewegt den ganzen Menschen mit Körper und Geist. Sie ist aber auch nicht gleichzusetzen mit »Person« oder »Individuum«. »Seele« (alma) ist bei Johannes vom Kreuz eine überpersönliche Wirklichkeit, die ihre ganze Wahrheit erst zeigt, wenn sie ihrer begrenzten Eigenschaften entkleidet ist. Dann erst wird sie gottfähig. Ein Gefäß, ein »Mensch ohne Eigenschaften«, dessen Individualität nun von Gott zu grenzenloser Freiheit und Sinnhaftigkeit umgestaltet wird. Um es mit *Karl Rahner* zu sagen: »Es ist dem Christen verboten (einziges Verbot, das ganz ernst genommen werden muß), sich mit weniger als der unendlichen Fülle Gottes zu begnügen.«[12] Bei Johannes vom Kreuz heißt das praktisch: Lösungen, Läuterungen, die als »Nächte« bis ins Unbewußte reichen, um die Möglichkeit zu schaffen für eine immer vollendetere Liebe.

Das gilt über konfessionelle Grenzen hinaus. Ein Wissenschaftler unserer Zeit urteilte, Johannes vom Kreuz habe mit neuer Lehre und neuen Erfahrungen des Göttlichen eine solide Brücke für Gottespilger geschaffen[13].

Darum im vorliegenden Buch das ausschließliche Interesse am Geschehen zwischen Mensch und Gott, oft genug gesehen aus der zeitlos aktuellen Perspektive Gottes. Im Grunde handelt es sich um die Psychologie einer gelingenden Beziehung, deren verwandelnde Wirkung Schritt für Schritt gezeigt wird. *Paul Valéry*, der keineswegs christliche Schriftsteller unseres Jahrhunderts, war fasziniert, als er nach einer Lektüre des Johannes vom Kreuz feststellen konnte: »Dort finden sich Zeugnisse von einem Bewußtsein innerer Vorgänge und einer Fähigkeit zur Beschreibung des Ungegenständlichen, wie es in der Literatur, selbst jener auf Psychologie spezialisierten, nur wenige Beispiele gibt.«[14] Das Valéry interessierende Ungegenständliche war vor allem das Mögliche, das Ich als »moi pur«, als reine Möglichkeit, aus dem das Schöpferische unbegrenzt erwächst. Wie auch *Robert Musils* »Mann ohne Eigenschaften« zu Idealen vorstößt, deren Formulierung an Johannes vom Kreuz erinnert, so wenn in einem Kapitel aus dem Nachlaß zu lesen ist: »Man muß seinen Geist aller Werkzeuge berauben und daran hindern, wie ein Werkzeug zu dienen. Das Wissen ist von ihm abzutun wie das Wollen; der Wirklichkeit und des Begehrens, sich ihr zuzuwenden, muß man sich entschlagen. Ansichhalten muß man, bis Kopf, Herz und Glieder lauter Schweigen sind. Erreicht man aber die höchste Selbstlosigkeit, dann berühren sich schließlich Außen und Innen, als wäre ein Keil ausgesprungen, der die Welt geteilt hat.«[15] Bei Johannes vom Kreuz ist jedoch der »Keil« nicht zwischen Innen und Außen, sondern zwischen dem gottebenbildlichen Ideal und der bedauerlichen Wirklichkeit des Menschen zu entfernen. Und wenn Musil im gleichen Kapitel von einem Nihilisten spricht, der von Gottes Traum träumt, so ist er den »nadas« des Johannes vom Kreuz nicht allzu fern, die im Grund glückliche »Nichtse« sind, weil sie auf dem Wege zur Freiheit der Kinder Gottes[16] Hindernisse ausräumen. Doch ist dem modernen Autor eine Haltung fremd, die sich dem inneren Wirken Gottes vertrauend überläßt, um ihm eine gleichwertige Liebe schenken zu können, wie es der Zentralgedanke der »Llama« ist. Als hilfreich erweist sich auch *Fritz Mauthner* mit seiner Sprachkritik, wenn es um das Verständnis des erfüllten Schweigens geht, in dem sich der mystische Verwandlungsprozeß vollzieht[17]. Immer wieder sind es heutige Künstler und Kontemplative aller weltanschaulichen und religiösen Richtungen, die in der Versenkungslehre des großen Mystikers Vertrautes bestätigt und Gesuchtes aufgezeigt finden.

Johannes vom Kreuz war ein »Seelenführer«, so sagte man damals, in dessen Sprechstunde und zu dessen Beichtstuhl die Menschen aus ganz Spanien strömten. Zuerst in Kastilien, dann in Andalusien, wo er als Nachfolger des »Apostels von Andalusien«, *Juan de Ávila*[18], angesehen wurde. Bei diesem war Ávila Familienname, was auf seine jüdische Konvertitenherkunft deutet.

Auch bei *Juan de la Cruz*, mit seinem zivilen Namen *Juan de Yepes y Álvarez*, liegt die Herkunft der Vorfahren im Dunkeln, wenn es sich bei ihm auch nicht, wie bei *Teresa*, als Belastung auswirkte. Wir wissen zwar, daß sein früh verwaister adeliger Vater *Gonzalo de Yepes* bei seinen vermögenden Onkeln in Toledo lebte. Aber diese trieben Seidenhandel, das war im damaligen Toledo, dem Zentrum vieler Juden und »Mauren«, kein Beruf für den christlichen Adel, der aus sozialpolitischen Gründen Handel und Handwerk mied. Juans Mutter war eine einfache Weberin, vielleicht, so wird vermutet, arabischer Herkunft. Auf jeden Fall eine fromme Christin, die ihre romanti-

sche Liebesheirat mit bitterer Armut bezahlen mußte, da man ihren Mann, Juans Vater, deshalb enterbte.
Der tapfere Vater starb an den Folgen des entbehrungsreichen Lebens im kastilischen Fontiveros, wo kurz zuvor – 1542 – Juan geboren war. Die Mutter gab ihn später, als den begabteren der zwei ihr verbliebenen Söhne, in ein Waisenhaus. Er war damals gerade neun Jahre alt, unterernährt, klein und schmächtig, und lernte zunächst als Almosensammler, dann als Pfleger in einem der vielen Syphilis-Hospitäler von Medina del Campo (Kastilien), was das Leben an Leid und Unerfreulichem zu bieten hat. Als Meßdiener erregte er mit Intelligenz und Frömmigkeit die Aufmerksamkeit seiner Gönner und wurde Schüler der klugen Jesuiten. Seine religiöse Berufung führte ihn dann ins Karmelitenkloster in Medina del Campo und an die Universität von Salamanca, wo er alles studierte, was ein künftiger Priester brauchte, und noch einiges mehr, denn seine Interessen waren weit gespannt, seine Neigung zu Lyrik und Mystik früh sichtbar. So daß man denn auch in Medina den »frischgebackenen« und aufgeschlossenen jungen Priester der durchreisenden *Teresa von Ávila* als Helfer für ihre Ordensreform mit seiner Zustimmung überließ (1567/68). Nun wurde aus dem stillen kleinen Juan ein leidenschaftlicher Reisender und Klostergründer, bald auch Novizenmeister für die ersten Mönche. Er bewährte sich so, daß die Mutter Teresa ihn zuerst zum Rektor ihres Studentenkollegs in Alcalá de Henares bei Madrid machte, um ihn dann als »Seelenführer« und Beichtvater in ihrem schwierigen großen »Menschwerdungskloster« (Convento de Nuestra Señora de la Encarnación) in Ávila einzusetzen, als sie auch dieses ihr Eintrittskloster reformieren sollte und wollte.

Hier ereilte Juan sein Schicksal, denn er wurde das stellvertretende Opfer aller Feindseligkeiten gegen die karmelitische Reform. Ihn, als ersten der »Unbeschuhten«, entführten seine ehemaligen »beschuhten« Mitbrüder brutal nach Toledo und sperrten ihn dort unter härtesten und entwürdigenden Bedingungen ins Klostergefängnis. Erst nach einem Dreivierteljahr, als Alternative nur noch den Tod vor Augen, gelang dem Mißhandelten die abenteuerliche Flucht (1578)[19]. Aus Sicherheitsgründen mußte er von nun an in der andalusischen »Fremde« leben, so empfand er es, gelangte aber zu immer höheren Ämtern in der wachsenden Kongregation, bis man den geübten Gründer schließlich für ein neues Kloster nach Segovia, also wieder nach Kastilien holte (1588). Dem Gipfel des Ruhmes und des unermüdlichen praktischen Wirkens folgte der jähe Absturz: Neid und Mittelmäßigkeit, diesmal im eigenen werdenden Orden, siegten über seine Unbedingtheit und sein Genie. Gezielte Verleumdungen machten ihm das Leben unerträglich. Juan wollte nach Amerika, ging bis zum Eintreffen eines geeigneten Schiffes wieder nach Andalusien. Dort erkrankte er an einer durch einen Dorn zugezogenen Wundrose, die viel zu spät behandelt wurde. Die Feinde triumphierten, die Verehrer kamen in liebender Sorge an sein Sterbebett in Úbeda, wo er in der Nacht zum 14. Dezember 1591, als die Turmuhr Mitternacht schlug, das Zeitliche verließ. Seine sterblichen Überreste wurden knapp eineinhalb Jahre später durch die Initiative von *Ana de Peñalosa* nach Segovia überführt, wo sie noch heute in der Kirche der Unbeschuhten Karmeliten ruhen.

In Andalusien, das ihm als anfängliche Fremde neue Freundschaften gebracht hatte, waren seine schöpferischen Kräfte endgültig aufgebrochen, die sich schon während der Gefängniszeit in bewegend schöner Lyrik gezeigt hatten, Grundlage des späteren »Geistlichen Gesanges«. Das Gedicht von der »Lebendigen Flamme der Liebe« war etwa zwei Jahre vor der Prosaerläuterung entstanden. Es hatte, wie Johannes angab, formal die auf die italienische Canzone zurückgehende »Lira« zum Vorbild und folgte der damals so beliebten Übertragung weltlicher Inhalte ins Geistliche, was man Dichten »a lo divino« nannte[20]. Kontrafakturen, wie sie uns mehr aus der Musik, etwa eines *Johann Sebastian Bach*, vertraut sind. In Spanien, dessen geistiges Gesicht fast 800 Jahre lang von drei Kulturen geprägt wurde, war durch die islamischen Mystiker, die Sufis, eine solche Übertragung schon seit langem bekannt. Und auch sie versahen ihre nach weltlicher Liebe klingenden Verse gern mit geistlichen Kommentaren: das gleiche Vorgehen also wie das des Juan de la Cruz[21].

Der deutsche Übersetzer steht hier vor einem vielfachen Prozeß der Umformung: dem des Mystikers, der die unfaßbare geistliche Erfahrung mit seinem am Weltlichen gebildeten Sprachschatz symbolisch auszudrücken suchte, und dem Prozeß einer Überbrückung von Sprache zu Sprache, von Jahrhundert zu Jahrhundert, von Kultur zu Kultur. Johannes verfügte schon in seiner Zeit über ein »erstaunliches Fluidum von Zukunft und Modernität«, wie der bedeutende Johannes-vom-Kreuz-Experte *Federico Ruiz OCD* heute feststellt[22].

Ich fand ein klares Wort zum Übersetzungsproblem bei dem großen und für Johannes vom Kreuz vorbildlichen Vertreter der petrarkistischen Renaissancelyrik in Spanien, *Garcilaso de la Vega*. Er schrieb knapp zwei Jahre vor seinem Tode ein Vorwort zu jener Übersetzung, mit der sein Freund *Juan*

Boscán Castigliones epochales Buch »Il Cortegiano« in Spanien bekannt machen wollte. Darin betonte Garcilaso: »Es ist meiner Ansicht nach ebenso schwer, ein Buch gut zu übersetzen, wie es neu zu schreiben,« um dann zu zeigen, wie dies bei Boscán geschah: Er übersetzte, »ohne neue und ungebräuchliche Wörter zu benutzen. Er war zudem ein sehr getreuer Übersetzer, weil er sich nicht an die Strenge des Buchstabens hielt, wie es einige tun, sondern an die Wahrheit der Aussagen. Auf eigenen Wegen übertrug er die Kraft und den Gestaltungswillen der einen Sprache so in die andere, daß er alles beließ, wie es gemeint war.«[23]

Ich staunte, als ich dieses Zitat fand, wie sich ein Übersetzerwille über Jahrhunderte hinweg gleichen kann, denn die hier angeführten Prinzipien sind die meinen. Nur daß mein Problem nicht die neuen, sondern die alten und ungebräuchlichen Wörter waren. Hinzu kommt die erwähnte Vielschichtigkeit, die oft auch ein einzelnes Wort erfaßt[24]. Stilistisch erhaltenswert schien mir der einfühlsame Gedankenaufbau, die semantische Zwei- und Dreigliedrigkeit[25] und die lebendige Spontaneität, mit der Johannes vom Kreuz seine abwesenden, aber realen Gesprächspartner anredet. Das ganze Buch ist im Grunde ein innerer Dialog. Dazu ein literarisches Kunstwerk, in dem sich die Sprache der Bibel und der orientalischen Traditionen Spaniens, klassisches Latein und volkstümliche Direktheit, Scholastik und individuelle Lyrik sinnvoll begegnen[26]. Als echter Spanier verankert sich Johannes dabei im Konkreten.

Die *Lebendige Flamme der Liebe* ist gewiß nicht geeignet für eine neugierige, rasch Information heischende Lektüre. Aber dem ernsthaft Suchenden ist sie nützlich, ja, von größter

Aktualität. Der Exkurs über die schlechten geistlichen Führer, schädlich wie der Teufel, während gute nur schwer zu finden sind, zeigt, wie brennend dieses Problem schon damals, schon immer war. Und Johannes weist nicht nur mit harschen Worten geistliche Anmaßung zurecht, er zeigt auch, und das ist das Wesentliche, wie eine rechte »Seelenführung« auszusehen hätte. Er kennt die individuellen Wege zu den besten Möglichkeiten, zu den »letzten Dingen«, die nur jenseits des Machenwollens, der lieblosen Eigenmächtigkeit zu finden sind. Johannes vom Kreuz weiß wie kein zweiter um die Grundlagen und die Tragweite des inneren Schweigens, das heute in christlichen wie nichtchristlichen Kreisen zur wahren menschlichen Formung gesucht wird[27]. Darum kann sein Werk in zeitgemäßer Sprache zum »Blindenführer« werden, zum »Lazarillo«, wie man in Spanien sagt, der das Ziel sieht, die Hindernisse kennt und weiß, wie man sie überwindet.

Hamburg, im April 1995 *Erika Lorenz*

Prolog und Widmung

1. Recht ungern, wohledle und glaubenserfüllte Frau, dachte ich an Ihre Bitte, diese vier Strophen zu erklären. Denn es handelt sich dabei ja um tiefinnere und geistige Dinge, für die keine Sprache ausreicht, weil die spirituelle Erfahrung das natürliche Begreifen übersteigt, so daß es sehr schwierig ist, Wesentliches darüber zu sagen. Spricht es sich doch schlecht vom tiefsten Innern, wenn nicht mit innerer Tiefe. Und bei dem bißchen, das ich davon besitze, habe ich es aufgeschoben bis zum jetzigen Augenblick, da es scheint, daß mir der Herr ein wenig die Einsicht geöffnet und mich dafür erwärmt hat. Vielleicht möchte er um Ihres frommen Wunsches willen, daß Ihnen das schon für Sie [Ana de Peñalosa] Geschriebene nun auch erklärt werde.

So habe ich mich denn aufgerafft in dem Wissen, daß ich aus Eigenem nichts von Bedeutung über irgendetwas sagen kann, schon gar nicht über so hohe und wesentliche Dinge! Darum ist mir dabei nur das Mißlungene und Irrtümliche zuzuschreiben. Und deshalb unterwerfe ich alles dem besseren Dafürhalten und Urteil unserer Mutter, der römisch-katholischen Kirche, mit deren Weisung niemand irrt. Dieses vorausgesetzt, stütze ich mich auf die Heilige Schrift. Und weil selbstverständlich alles, was man sagen könnte, hinter ihrer Aussage zurückbleibt wie das Gemalte hinter seinem Gegenstand, werde ich mich zu sagen getrauen, was ich weiß[1].

2. Es ist nicht erstaunlich, daß Gott den Seelen, die er erfreuen möchte, so hohe und ungewöhnliche Gnaden schenkt. Denn wenn wir bedenken, daß er Gott ist und daß er dieses als Gott in unendlicher Liebe und Gutheit tut, so scheint es uns nicht unverständlich. Sagte er doch, daß zu dem, der ihn liebe, der Vater, der Sohn und der Heilige Geist kommen und in ihm Wohnung nehmen würden (Joh 14,23). Das bedeutet, daß dieser mit dem Vater, dem Sohne und dem Heiligen Geiste am Leben Gottes teilhätte, wie die Seele in diesen Strophen zu verstehen gibt.

3. Denn wenn wir auch in den schon erklärten Strophen [des Geistlichen Gesanges] vom höchsten Grade der Vollkommenheit sprachen, die man in diesem Leben erreichen kann, nämlich von der Verwandlung in Gott, handeln doch diese Strophen von der immer noch wertvolleren und vollendeteren Liebe in eben diesem verwandelten Stande. Obwohl ja wahr ist, was diese und jene anderen Strophen sagen, daß nämlich alles ein einziger Zustand der Verwandlung ist, über den als solchen es kein Hinausgehen gibt, kann sich doch mit der Zeit und Übung die Liebe, wie ich darlegen will, sehr verbessern und verwesentlichen. So wie auch im brennenden Holz das Feuer, das es in sich verwandelt und mit sich eint,

1 Das sind keine Demutsformeln, sondern Vorsichtsmaßnahmen gegen die Inquisition, die mystische Schriften verdächtigte.

immer noch glühender werden kann, und sich allmählich das Holz so heiß entzündet, daß es von sich aus Funken sprüht und Flammen aussendet.

4. Aus einem solchen Erglühen muß man das Sprechen der Seele hier verstehen. Sie ist schon so verwandelt und innerlich zu einer solchen Intensität des Liebesfeuers gelangt, daß sie ihm nicht nur geeint, sondern darin selbst lebendige Flamme geworden ist. Das ist ihre Erfahrung, und so sagt sie es mit ihrer tiefen und zarten Innigkeit der Liebe. Glühend in ihrer Flamme hebt sie in diesen Strophen einige Wirkungen hervor, die sie dabei im Innern verspürte. Ich werde dies in der üblichen Ordnung darlegen: Zuerst zeige ich alle Strophen zusammen, dann gebe ich Strophe für Strophe eine kurze Erläuterung. Am Ende nehme ich jeden Vers einzeln vor und erkläre ihn.

Das Gedicht und seine Erläuterung

¡Oh llama de amor viva,
que tiernamente hieres
de mi alma en el más profundo centro!
Pues ya no eres esquiva,
acaba ya, si quieres;
¡rompe la tela de este dulce encuentro!

¡Oh cauterio suave!
¡Oh regalada llaga!
¡Oh mano blanda! ¡Oh toque delicado,
que a vida eterna sabe
y toda deuda paga!
Matando, muerte en vida la has trocado.

¡Oh lámparas de fuego,
en cuyos resplandores
las profundas cavernas del sentido,
que estaba oscuro y ciego,
con extraños primores
calor y luz dan junto a su Querido!

¡Cuán manso y amoroso
recuerdas en mi seno,
donde secretamente solo moras;
y en tu aspirar sabroso
de bien y gloria lleno,
cuán delicadamente me enamoras!

Metrische Übersetzung

O lebendige Flamme der Liebe,
die zärtlich mir versehret
in tiefster Seele die geheime Mitte!
Nicht folgst du mehr grausamem Triebe:
Nimm fort Gespinst, das wehret
des liebenden Begegnens letzte Schritte!

O du so sanftes Brennen!
O innig empfundene Wunde!
O milde Hand! O zartestes Berühren!
So nah dem letzten Erkennen,
mit aller Erfüllung im Bunde:
Wie tödlich kannst du Tod zum Leben führen!

O Leuchten voll des Lichten,
die mit so hellem Scheinen
in blinden Sinnes dunkel-tiefem Grunde
die Finsternis vernichten
und Licht mit Glut vereinen
für den Geliebten zu vollkomm'ner Kunde!

Wie fühl' ich dich im Schweigen
des Herzens sanft sich regen,
wo mir dein Wohnen unerkannt geblieben.
Mit deines Atems Neigen
voll Herrlichkeit und Segen
entflammst du mich zu grenzenlosem Lieben![2]

Interlineare Prosafassung für die Erläuterungen

O lebendige Flamme der Liebe,
die du mir zärtlich versehrst
meine Seele in ihrer tiefsten Mitte!
Nun bist du nicht mehr grausam,
vollende, wenn du willst,
zerreiß den Schleier dieser süßen Begegnung![3]

O gern ertragenes Brennen!
O innig empfundene Wunde!
O milde Hand, o zarte Berührung,
die nach ewigem Leben schmeckt
und alles Geschuldete vergilt:
Du verwandelst tötend den Tod in Leben!

2 Strophenform nach Reim und Silbenzahl: A7, b7, c11, A7, b7, c11. Die Silbenzahlen sind hier durch 3 bzw. 5 Hebungen ersetzt.

3 »Süß« – dulce – kann nicht immer durch ein moderneres Wort ersetzt werden, weil der Autor gern die spanische Doppelbedeutung von »saber« = schmecken und wissen nutzt.

O feurige Leuchten,
in deren Glanz
die tiefen Höhlen des Sinnes,
der dunkel war und blind,
mit wundersamer Vollendung
ihrem Geliebten vereint Licht und Glut schenken!

Wie sanft und liebevoll
erwachst du in meinem Herzen,
darin du allein verborgen wohnst;
und mit dem Wohlgeruch deines Atems,
erfüllt von Heil und Herrlichkeit,
wie innig machst du mich lieben!

Die Strophenform dieser »Liras« folgt jenen, die bei Boscán ins Geistliche übertragen wurden und die lauten:

La soledad siguiendo,
llorando mi fortuna,
me voy por los caminos que se ofrecen, etc.

Es handelt sich bei dieser Strophe um sechs Verse: der vierte reimt mit dem ersten, der fünfte mit dem zweiten und der sechste mit dem dritten. [Garcilaso, nicht Boscán. Vgl. Hinführung mit Anmerkungen].

Erklärung der ersten Strophe
Läuterung durch die Flamme des Hl. Geistes

O lebendige Flamme der Liebe,
Die du mir zärtlich versehrst
Meine Seele in ihrer tiefsten Mitte!
Nun bist du nicht mehr grausam,
Vollende, wenn du willst,
Zerreiß den Schleier dieser süßen Begegnung.

1. Die Seele fühlt sich schon ganz entflammt in göttlicher Einung, ihr Gaumen schmeckt Wogen von Liebe und Seligkeit, und bis ins innerste Sein ergießen sich himmlische Ströme der Freude. Sie fühlt von ihrem Leibe die Ströme lebendigen Wassers fließen, von denen der Gottssohn sagte, daß sie von solchen Seelen ausgehen (Joh 7,38). Es scheint ihr also, daß sie mit solcher Macht in Gott verwandelt wird, daß er sie so überaus zur Seinen macht und mit solchen Reichtümern an Gaben und Fähigkeiten beschenkt, daß nur noch ein dünner Schleier sie vom ewigen Leben trennt.
Und da sie sieht, wie diese wunderbare Flamme der Liebe, die in ihr brennt, sie bei jedem Aufflammen mit starker und inniger[4] Seligkeit beglückt, so daß ihr bei jeder Berührung das ewige Leben spürbar wird, erkennt sie auch, wie der Schleier des sterblichen Lebens zu reißen beginnt, so daß nur noch wenig fehlt.

4 Die häufigen Bedeutungsverdoppelungen entsprechen nicht nur dem literarischen »ciceronischen« Zeitstil (vgl. Don Quijote!), sondern symbolisieren auch stammelnd die Unerreichbarkeit des adäquaten Ausdrucks einer ins Unendliche reichenden mystischen Erfahrung. Spätere semantische Dreiergruppen deuten meist auf die Hl. Dreifaltigkeit.

Weil sie aber um dieses Wenigen willen noch nicht voll in die Herrlichkeit eingehen kann, sagt sie zur Flamme, zum Heiligen Geist also, mit großer Sehnsucht, daß doch dieser Schleier zerreißen möge um der süßen Begegnung willen, auf daß sich vollende, was sich ihr immer wieder fast schon mitzuteilen scheint, nämlich die ganze und volle Herrlichkeit des ewigen Lebens. Und so spricht die Seele:

O lebendige Flamme der Liebe

2. Um das Gefühl und die Wertschätzung hervorzuheben, mit denen die Seele in diesen vier Strophen spricht, verwendet sie in allen die Ausrufe »Oh!« und »Wie!«, die das Gefühl betonen. Denn bei jedem Aussprechen vermitteln sie mehr vom Innern, als es Worte vermöchten. Und das »Oh!« drückt große Sehnsucht aus und flehentliche Bitte, es wird in dieser Strophe für beide Gefühle gebraucht. Denn hier tritt das große, tiefinnerste Sehnen hervor, das die Liebe um Befreiung bittet.

3. Diese Flamme der Liebe ist der Geist ihres Bräutigams, der Heilige Geist, den die Seele schon in sich wahrnimmt. Nicht nur als Feuer, das sie verwandelte und vollendete in inniger Liebe, sondern auch als Feuer, das darüber hinaus nun in ihr selber brennt und, wie sie sagt, Flammen aussendet. Bei jedem Auflodern ist die Seele in Herrlichkeit getaucht und gestärkt in der Frische göttlichen Lebens.
Und dies ist die Wirkung des Heiligen Geistes in der ganz zu Liebe gewordenen Seele, daß ihre inneren Akte ein Flammen sind, ein Entflammtsein in Liebe, das den Willen der Seele mit jener Flamme des Heiligen Geistes zu einem Höchstmaß des Liebens eint, zu einer einzigen Liebe.

So sind denn diese Akte der Liebe von höchstem Wert, und ein einziger ist kostbarer und verdienstvoller als alles, was die Seele in ihrem ganzen Leben ohne diese Verwandlung tat, wie viel das auch immer sein mochte, usw.
Der Unterschied zwischen Habitus und Actus aber ist der zwischen Verwandlung in Liebe und Liebesflamme oder zwischen dem brennenden Holz und seiner Flamme. Denn die Flamme ist Folge des darin wirkenden Feuers.

4. Deshalb können wir von der Seele, die sich im Transformationsprozeß befindet, sagen, ihr gewöhnlicher Zustand [Habitus] gleiche dem ständig brennenden Holz, wobei ihre Akte [Actus] jedoch die Flamme sind, die aus dem Liebesfeuer hervorgeht. Je intensiver das Feuer der Gotteinung brennt, um so heftiger schießt diese Flamme empor und trägt die vereinten Akte des hingerissenen und in den Heiligen Geist versenkten Willens hinauf zu Gott, wie es einst der Engel tat in der Opferflamme des Manoach (Ri 13,20).
Darum ist es nun nicht mehr die Seele, die ihre inneren Tätigkeiten vollbringt. Der Heilige Geist vollzieht sie alle und bewegt zu ihnen die Seele. Folglich ist ihr Tun göttlich, denn sie ist in Gottes Hand und wird von ihm bewegt. So scheint es denn der Seele bei jedem Auflodern dieser Flamme, die sie göttliche Liebe schmecken und fühlen läßt, daß ihr schon das ewige Leben geschenkt wird, denn sie ist erhoben zum Wirken Gottes in Gott.

5. Und die Worte und die Sprache Gottes, wenn er zu den geläuterten, reinen und gänzlich entflammten Seelen spricht, sind so, wie David es sagte: »Dein Wort ist ein heftiger

Brand« (Ps 119,140)[5]; und auch der Prophet zitierte: »Sind meine Worte etwa nicht wie Feuer?« (Jer 23,29). Diese Worte sind, wie Gott durch den Evangelisten Johannes sagte, »Geist und Leben« (Joh 6,64). So empfinden es die Seelen, die Ohren haben, um sie zu hören, eben, wie ich schon sagte, die reinen und liebenden Seelen. Während andere, deren Gaumen nicht frei von weltlichen Genüssen ist, Geist und Leben dieser Worte nicht würdigen können. Eher finden sie daran keinen Geschmack. Darum, je erhabenere Worte der Gottessohn sprach, um so weniger werden sie den Unreinen gefallen, wie z.B. seine Lehre von der Heiligen Eucharistie, die viele zum Abfall bewegte (Joh 6,60-61.67)[6].

6. Jene aber, denen die Sprache, die Gott in ihrem Inneren spricht, nicht zusagt, sollen nicht meinen, daß andere sich nicht daran erfreuen können, wie es ja auch das gleiche Evangelium belegt. Sagte doch der heilige Petrus, als er diese Sprache vernahm, zu Christus: »Wohin sollen wir gehen, Herr, der du Worte des ewigen Lebens hast?« (Joh 6,69). Und die Samariterin vergaß Wasser und Krug um der Süße der Gottesworte willen (Joh 4,28).
Wenn aber die Seele Gott so nah kam, daß sie in eine Flamme der Liebe verwandelt wurde, in der sich ihr der Vater, der Sohn und der Heilige Geist mitteilen, warum sollte es dann unglaubhaft sein, wenn sie sagt, sie genieße schon eine Ahnung ewigen Lebens, wenn auch noch nicht vollkommen,

5 Die Psalmen werden in dieser Übersetzung nach der modernen Zählung numeriert. In der Vulgata ist immer eine Nummer zurückzugehen.

6 Anspielung auf den damaligen Protestantismus.

weil das die Bedingungen dieses irdischen Daseins nicht gestatten? Ist doch die Freude über das Flammen des Heiligen Geistes in ihr so überwältigend, daß er sie den Geschmack ewigen Lebens schmecken läßt. Darum nennt sie die Flamme eine *lebendige*. Nicht, weil diese Flamme nicht immer lebendig wäre, sondern weil sie so in der Seele wirkt, daß sie diese innerlich in Gott leben und Gottes Leben erfahren läßt. So wie denn auch David sagte: »Mein Herz und mein Fleisch erfreuten sich am lebendigen Gott« (Ps 84,3). Nicht, weil es nötig wäre zu sagen, er sei lebendig, denn das ist er immer, sondern um zu verstehen zu geben, daß Geist und Sinn, in Gott verwandelt, sich Gottes lebendig erfreuten, was heißt, den lebendigen Gott zu erfahren. Dieses ist Leben in Gott und ewiges Leben. David sagte hier also »lebendiger Gott«, weil er ihn als Lebenswirklichkeit kannte, wenn auch nicht vollkommen, sondern als Schimmer des ewigen Lebens. Und so erfährt die Seele in dieser Flamme Gott ganz konkret, und sie erfreut sich seiner so fühlbar und innig, daß sie sagt:

O lebendige Flamme der Liebe,
Die du mir zärtlich versehrst
Meine Seele

7. Das bedeutet: die du mich zärtlich mit deiner Glut berührst. Denn da diese Flamme eine Flamme göttlichen Lebens ist, versehrt sie die Seele mit Gottes Zärtlichkeit, die sie so tief ergreift, berührt und rührt, daß sie in Liebe dahinschmilzt. So erfüllt sich an ihr, was die Braut im Hohenlied ausdrückt, die vor innerer Bewegung vergeht und darum sagt: »Als mein Bräutigam sprach, zerschmolz meine Seele« (Hld 5,6). Denn Gottes Sprache ist seine Wirkung in der Seele.

8. Aber wie kann man denn sagen, daß die Flamme versehrt, wo es doch in der Seele, die schon ganz im Feuer der Liebe verbrannte, nichts mehr zu versehren gibt? Es ist etwas Wunderbares, daß die Flamme ständig hierhin und dorthin lodert, weil die Liebe niemals müßig ist, sondern in ständiger Bewegung. Und da es zum Beruf der Liebe gehört, zu verwunden[7], um zu entflammen und zu beglücken, und sie in solcher Seele als lebendige Flamme wirkt, schlägt sie Wunden durch zärtliches Aufflammen und beseligendes Lieben. Froh und festlich spielt sie Spiele der Liebe, gleich dem König Artaxerxes (Asuero) mit seiner angetrauten Frau Esther im hochzeitlichen Palast (vgl. Est 2, 17 ff), da er sich ihr in all seiner Anmut zeigte und ihr die Größe und den Reichtum seiner Herrlichkeit entdeckte. Alles, damit sich an dieser Seele erfülle, was Gottes Weisheit in den Sprüchen Salomos sagte: »Ich war seine Freude Tag für Tag und spielte vor ihm allezeit. Ich spielte auf seinem Erdenrund, und es war meine Lust, bei den Menchenkindern zu sein« (Spr 8, 30-31), was heißt: um ihnen meine Freude zu schenken. Darum sind diese Wunden das Spiel zärtlicher Berührungen durch das lodernde Liebesfeuer, das die Seele für Augenblicke trifft, weil es nicht müßig ist. Dieses Flammen geschieht und versehrt also

Meine Seele in ihrer tiefsten Mitte.

9. Denn in der Wesensmitte der Seele, dort, wohin weder der Quellpunkt der natürlichen Fähigkeiten noch der Teufel reichen, wird dieses Fest des Heiligen Geistes gefeiert. Und je inniger es ist, um so wesentlicher und beglückender wird es,

7 Vgl. Amors Pfeil!

denn mit der Verinnerlichung wächst die Reinheit. Und je reiner, um so häufiger, reichlicher und allumfassender teilt Gott sich mit. Die Lust aber und der Genuß der Seele und des Geistes sind um so größer, je mehr Gott ohne ihr Zutun alles in ihr wirkt.

Denn soweit die Seele von sich aus nichts tun kann, es sei denn mit Hilfe der Körpersinne, von denen sie auf dieser Stufe jedoch frei und fern ist, besteht ihre Tätigkeit darin, von Gott zu empfangen. Der aber vermag nur im Seelengrunde zu wirken, und er tut sein Werk ohne Hilfe der Sinne, indem er die Seele unmittelbar bewegt. So werden denn alle Bewegungen der Seele göttlich: und obwohl es ihre eigenen Bewegungen sind, können sie das nur sein, weil Gott sie in ihr mit ihr vollzieht, sofern ihm ihr Wille zustimmt. Und weil sie sagt *in ihrer tiefsten Mitte*, gibt sie zu verstehen, daß es in der Seele noch mehr Tiefenzentren gibt, was der Erläuterung bedarf.

10. Zunächst muß man sich klarmachen, daß die Seele, soweit sie Geist ist, weder oben noch unten oder tiefer und flacher kennt, wie die materiell-quantitativen Körper. Es gibt in ihr auch keine Teile und keinen Unterschied von innen und außen, denn sie ist ganz und gar einheitlich und hat kein Zentrum von größerer oder geringerer meßbarer Tiefe. Sie ist auch nicht in einem Teil mehr erhellt als in einem anderen, wie die physikalischen Körper. Vielmehr ist sie das jeweils mehr oder weniger als Ganzheit, ebenso wie die Luft als Ganzes mehr oder weniger erhellt ist.

11. Bei Dingen sprechen wir vom tiefsten Zentrum, wenn es das Äußerste ist, wohin ihr Sein, ihre Möglichkeit, die Kraft ihrer Tätigkeit oder Bewegung gelangen können und über das es kein Hinaus gibt[8]. So ist es mit dem Feuer oder dem Stein, die, natürlich bewegt, fähig und voller Kraft sind, um in das Zentrum ihrer Sphäre zu gelangen. Sie können dann weder weiter, noch können sie ihre Ankunft verhindern oder sich wieder entfernen. Es sei denn, es gäbe eine gewaltsame Gegenbewegung und Behinderung.
Entsprechend sagen wir, daß der Stein, der sich in gewisser Weise im Innern der Erde, wenn auch nicht in ihrer tiefsten Mitte befindet, doch irgendwie in seinem Zentrum ist, denn er hat seinen Ort innerhalb der Sphäre seines Zentrums, das heißt, seiner Aktivität und Bewegung. Aber wir wollen damit nicht sagen, er sei im tiefsten Zentrum überhaupt, denn das wäre die Mitte der Erdkugel. So bleiben ihm immer die Möglicheit, die Kraft und das Streben, tiefer zu dringen bis zum letzten und tiefsten Zentrum, wenn weggenommen wird, was ihn daran hindert. Und wenn er ankäme und hätte aus sich keine Möglichkeit und Tendenz mehr zu weiterer Bewegung, so müßten wir sagen, daß er sich in seinem tiefsten Zentrum befindet.

12. Das Zentrum der Seele ist Gott. Zu ihm gelangt sie gemäß der Fassungskraft ihres Seins und entsprechend der Stärke von Bemühen und Neigung als ihrem letzten und tiefsten Zentrum, wenn sie ihn aus allen Kräften erkennt,

8 Das Gravitationsgesetz wurde erst von Isaac Newton (1643-1727) gefunden.

liebt und sich in ihm freut. Wenn sie aber dahin noch nicht gelangte, wie es in diesem Erdenleben der Fall ist, in dem die Seele noch nicht mit allem, was sie vermag, zu Gott kommen kann, selbst wenn sie sich durch Gottes Gnade und Mitteilung schon in ihrer [relativen] Gottesmitte befindet, gibt es in ihr immer noch ein starkes Streben nach mehr, und sie ist nicht zufrieden. Denn das erreichte Zentrum ist noch nicht das tiefste, sie kann immer noch fortschreiten zu größerer Gottestiefe.

13. Man muß also wissen, daß Liebe die Neigung, Kraft und Fähigkeit der Seele ist, auf Gott zuzugehen, denn durch die Liebe vereint sich die Seele mit Gott. Und mit dem gradweisen Zunehmen der Liebe dringt sie tiefer in Gott ein und kommt dem Zentrum näher. Man könnte also sagen, so viele Grade der Liebe eine Seele hat, so viele Zentren kann sie in Gott besitzen, eines immer im anderen enthalten. Denn je stärker die Liebe, um so weitgehender die Einung. Von daher können wir das Wort des Gottessohnes verstehen, der von »den vielen Wohnungen« sprach, die es »im Hause seines Vaters gibt« (Joh 14,2).
Damit also die Seele in ihrem Zentrum sei, das, wie wir schon sagten, Gott ist, genügt ein Grad der Liebe, denn schon durch einen einzigen wird sie Gott in Gnade geeint. Besäße sie zwei Grade, wäre sie ihm näher in einem folgenden und innerlicheren Zentrum, gelangte sie zu drei Graden, wäre sie ihm im dritten Zentrum geeint. Käme sie aber bis zum letzten Grade, so wird Gottes Liebe sie in ihrem letzten und tiefsten Zentrum berühren und sie gemäß ihrer Aufnahmefähigkeit in ihrem ganzen Sein, in allen Kräften, Möglichkeiten und

Fähigkeiten verwandeln und erleuchten, bis sie Gott zu gleichen scheint.
Das ist wie mit dem Licht, das in einen reinen, klaren Kristall fällt. Je mehr Helligkeitsgrade er empfängt, um so mehr Licht konzentriert sich in ihm und um so mehr wird er erleuchtet. Und die empfangene Lichtfülle kann so groß werden, daß er selbst ganz zu Licht geworden scheint und sich vom Licht nicht mehr unterscheidet. Hat er alles Licht, das er aufnehmen kann, so ist er selber dem Licht gleich geworden.

14. Wenn also die Seele hier sagt, daß die Liebesflamme sie berührt und versehrt in ihrer tiefsten Mitte, so bedeutet dies, daß der Heilige Geist in sie entsprechend ihrer Fassungskraft und Möglichkeit einfällt und sie versehrt. Sie spricht so nicht, um zu verstehen zu geben, daß dieses hier so wesentlich und ganzheitlich geschähe wie in der Gottesschau des Jenseits. Denn wenn auch die Seele in diesem irdischen Leben einen so hohen Stand der Vollkommenheit erreicht wie diesen, von dem hier die Rede ist, gelangt sie doch nicht zur Vollkommenheit des ewigen Lebens und kann sie nicht erlangen, auch wenn ihr Gott vorübergehend eine ähnliche Gnade erweist. Sondernsie sagt es, um den Reichtum und die Fülle der Beglückung und Seligkeit einsichtig zu machen, die sie in dieser Mitteilungsweise des Heiligen Geistes erfährt. Die Seligkeit ist um so größer und zärtlich-zarter, je mehr und je wesenhafter sie in Gott verwandelt und in ihn als ihre ursprüngliche Mitte eingegangen ist. Aber weil das so viel ist, wie man in diesem Dasein überhaupt erreichen kann – wenn auch, wie gesagt, nicht so vollkommen wie im ewigen Leben –, nennt sie es *ihre tiefste Mitte.* Möglicherweise kann die

Seele die Gabe der Liebe in diesem Leben schon so vollkommen wie im anderen haben, nicht aber ihr Wirken und ihre Früchte. Wenn auch Früchte und Wirken schon hier so wachsen, daß sie dem Zustand dort sehr ähnlich sind. So sehr, daß die Seele hier zu sagen wagt, was man erst dort zu sagen sich erkühnen könnte, nämlich: *in meiner tiefsten Mitte*[9].

15. Da seltene Dinge, für die es an Erfahrung fehlt, als die wunderbarsten und unglaublichsten gelten, was auch auf das zutrifft, was wir von der Seele in diesem Stande sagten, zweifle ich nicht, daß es einige Leute geben wird, die, da sie dieses weder durch Wissen verstehen noch aus Erfahrung kennen, es entweder nicht glauben werden oder aber für übertrieben halten und denken, es werde wohl nichts Besonderes sein.

Ihnen allen jedoch antworte ich, daß »der Vater der Gestirne« (Jak 1,17), »dessen Arm nicht verkürzt ist« (Jes 59,1), sich reichlich und ohne Beachtung des Ansehens der Person (Eph 6,9) verströmt, wo immer man ihm Raum gibt. Gleich dem Sonnenstrahl bescheint er freundlich die Wege (Weish 6,17) und zögert nicht und schätzt es nicht gering, in Gemeinschaft mit den Menschenkindern seine Freude auf dem Erdenrund zu haben (Spr 8,31).

Und man sollte es nicht für unglaubhaft halten, daß sich an einer bewährten, im Feuer der Mühen, Leiden und der verschiedenen Versuchungen geläuterten Seele, die sich als treu

9 Wörtlich heißt es: »Die Seele sagt: in der tiefsten Mitte meiner Seele« – eine sprachliche Unlogik, die Johannes vom Kreuz sich leisten konnte, nicht aber die Übersetzerin. Vgl. auch S. 31.

in der Liebe erwies, die Verheißung des Gottessohnes schon in diesem Leben erfüllt, nämlich: »Wenn jemand ihn liebe, werde er kommen mit der Heiligen Dreifaltigkeit und Wohnung in ihm nehmen« (Joh 14,23). Das geschieht, indem ihm der Verstand göttlich erleuchtet wird in der Weisheit des Sohnes und der Wille beseligt im Heiligen Geiste, während ihn der Vater stark und mächtig hineinzieht in die abgründige Umarmung seiner Süße[10].

16. Und wenn dies mit einigen Seelen geschieht, und es geschieht wahrhaftig, so darf man glauben, daß die Seele, von der wir sprechen wollen, bei diesen Gottesgnaden nicht zurückbleibt. Denn was wir über sie von der Wirkung des Heiligen Geistes nun zu sagen beabsichtigen, ist viel mehr als das, was bei der [einfachen] verwandelnden Mitteilung der Liebe geschieht. Denn eines ist die entfachte Glut und ein anderes die Glut, deren Feuer so heiß wird, daß es nicht nur brennt, sondern als lebendige Flamme emporschießt.
Diese beiden Arten, die Einung der Liebe und die Einung der flammenden Liebe, lassen sich in gewisser Weise dem Feuer Gottes vergleichen, das sich nach Jesaja in Zion befindet, während Gottes Schmelzofen in Jerusalem ist (Jes 31,9). Das eine bedeutet die streitende Kirche, in der das Liebesfeuer

10 Die drei Grundkräfte des geistigen Menschen sind nach damaliger Auffassung Verstand, Wille und Gedächtnis. Seit dem Kirchenvater Augustinus gelten sie als Spiegelbild der göttlichen Dreifaltigkeit. Die abgründige Umarmung steht hier für das Gedächtnis, das alle Vorstellungen, vergangene und künftige, in sich birgt und darum einem »bodenlosen Gefäß», einem »Abgrund« gleicht.

nicht übermäßig brennt. Das andere stellt eine Vision des Friedens dar, nämlich die siegreiche Kirche. Hier gleicht das Feuer dem in Vollkommenheit der Liebe brennenden Schmelzofen.
Und wenn auch, wie gesagt, diese Seele noch nicht zu so großer Vollkommenheit gelangt ist, glüht sie doch im Vergleich zur üblichen Einung wie der Schmelzofen, dessen Glut einen um so friedevolleren, herrlicheren und transparenteren Anblick bietet, als ihre Flamme heller und leuchtender ist als die der bloßen Kohlenglut.

17. Folglich spricht die Seele, während sie fühlt, wie hier die *lebendige Flamme* der Liebe belebend alle guten Gaben mitteilt, denn dieses bringt die göttliche Liebe mit sich: *O lebendige Flamme der Liebe, die du mir zärtlich versehrst...* Das ist, als würde sie sagen: O brennende Liebe, die du mich mit den Regungen deines Liebens bis an die Grenzen meines Aufnahmevermögens beschenkst und beseligst! Ich meine: die du mir göttliche Einsicht gemäß der ganzen Befähigung und dem Umfang meines Verstehens gibst und mir die Liebe mitteilst, die der äußersten Tragfähigkeit meines Willens entspricht. Ja, die du mich im tiefsten Wesensgrunde mit dem Strom deiner Seligkeit beglückst, der aus deiner göttlichen Berührung und dem innigsten Einswerden so hervorgeht (Ps 36,9), wie es die höchste Reinheit meines Grundes und die Weite und Fassungskraft meines Gedächtnisses erlauben.
Dieses alles geschieht und mehr noch, als man in Worte fassen könnte, in dem Augenblick, da sich die Flamme der Liebe in der Seele erhebt. Doch kann es nur geschehen, weil sich

die Seele in ihrem Wesensgrund und ihren Vermögen Gedächtnis, Verstand und Wille so gründlich geläutert hat, daß die Tiefe des göttlichen Seins sie mit ihrer heiligen Flamme in sich aufnimmt. Dieses Hineinholen der Seele in die göttliche Weisheit vollzieht der Heilige Geist im seligen Zittern seiner Flamme, die so sanft ist, daß die Seele sagt:

Nun bist du nicht mehr grausam

18. Das meint: nun betrübst, bedrängst und quälst du mich nicht mehr, wie du es einstmals tatest. Dabei muß man bedenken, daß diese Gottesflamme, als die Seele sich noch auf der Stufe der Läuterung befand, also beim Eintritt in die Kontemplation, nicht so sanft und freundlich erschien wie jetzt auf dieser Stufe der mystischen Einung.

19. Man muß hierzu wissen, daß, ehe das göttliche Liebesfeuer vereinend den vollkommen geläuterten Seelengrund durchdringt, die Flamme des Heiligen Geistes die Seele verwundet und versehrt, indem sie alle ihre eingewurzelten Unvollkommenheiten verbrennt und verzehrt. Und zwar ist dies das Werk des Heiligen Geistes, das die Seele für die göttliche Einung und die Liebesverwandlung in Gott bereitet.
Somit ist klar, daß das gleiche Liebesfeuer, das später in der Einung die Seele beseligt, sie zuvor ergreift, um sie zu läutern. Das ist genauso wie beim von Feuer ergriffenen Holz, das zunächst versengt, ausgetrocknet und alles Überflüssigen entkleidet wird, bis es durch die Hitze so zubereitet ist, daß die Flamme es ganz durchdringt und es in sich umwandelt.

Das nennt man auf geistiger Ebene den Läuterungsweg. Die Seele erfährt ihn als schweres Leiden und geistigen Verlust, was sich gewöhnlich auch im Sinnenhaften niederschlägt, so daß die *Flamme als grausam und schrecklich* erscheint. Denn in dieser vorbereitenden Läuterung bedeutet die Flamme für die Seele nicht Helligkeit, sondern Dunkel. Und wenn sie doch ein wenig Licht erhält, dann nur, um nichts anderes zu erkennen als ihre erbärmlichen Fehler und Schwächen.

Die Flamme ist also nicht angenehm, sondern schmerzhaft. Und selbst wenn sie zuweilen ein wenig Liebeswärme spüren läßt, bringt das Qual und Bedrängnis mit sich. Sie ist nicht beglückend, sondern trocken. Denn wenn sie auch in ihrer Güte gelegentlich eine Erleichterung gestattet, damit die Seele stark bleibe und den Mut nicht verliere, muß diese doch zuvor und hernach alles auf Heller und Pfennig bezahlen.

Diese Flamme ist weder heilend noch friedvoll, sondern angreifend und verzehrend. Sie bewirkt, daß die Seele in Selbsterkenntnis vergeht und leidet. Das geistige Licht dieser Erkenntnis ist keineswegs beglückend, eher macht es elend und bitter. Denn »Gott sendet«, wie Jeremia sagt, ihr »Feuer in die Knochen und unterweist sie« (Klgl 1,13), und so sagt auch David, sie werde »geprüft im Feuer« (Ps 17,3).

20. So erleidet denn zu dieser Zeit die Seele große Finsternisse im Verstande, große Trockenheiten und Ängste im Willen und im Gedächtnis das lastende Bewußtsein ihrer elenden Verfassung, weil ihr geistiges Auge in Selbsterkenntnis klarsichtig wurde. Und sie fühlt im tiefsten Innern ihre Armut und Hilflosigkeit, leidet unter ihrer Trockenheit und Kälte,

gelegentlich aber auch unter Wärme, denn nichts bringt ihr Erleichterung. Weder vermag ein Gedanke sie zu trösten, noch kann sie ihr Herz zu Gott erheben, so *grausam* ist der Zustand, in den die Flamme sie versetzte. Wie denn auch Hiob in dieser Prüfung, der Gott ihn unterzog, sagte: »Du bist mir grausam geworden« (Hiob 30,21). Denn wenn alle diese Leiden auf einmal über die Seele kommen, meint sie, daß Gott sie grausam und gefühllos behandle.

21. Man kann nie genug hervorheben, was die Seele in dieser Zeit erleidet, nämlich kaum weniger als ein Fegfeuer! Und ich könnte nicht deutlich machen, wie weit diese *Grausamkeit* geht und was man durch sie fühlt und durchmacht, hätte es nicht Jeremia mit folgenden Worten beschrieben: »Ich bin der Mann, der seine Armut sieht in der Rute seines Grimmes. Er bedrohte mich und drängte mich ins Dunkel statt ans Licht, so sehr hat er seine Hand gegen mich gekehrt und gewendet. Er machte meine Haut und mein Fleisch altern und zerbrach meine Knochen. Er umzingelte mich und umgab mich mit Galle und Mißgeschick. Im Finstern ließ er mich wie ewig Tote. Er baute Mauern um mich, damit ich nicht entrinne. Er verschärfte meine Haft. Und wenn ich schrie und flehte, verschloß er sich meinem Gebet. Er verbaute meine Wege mit Quadern und hat meine Pfade und Schritte irregeleitet« (Klgl 3, 1-9).
Alles dieses sagt Jeremia, und er sagt noch vieles mehr. Denn weil Gott auf diese Weise als Arzt die Seele behandelt und von ihren vielen Krankheiten heilt, um ihr Gesundheit zu geben, muß sie ganz einfach diese schmerzhafte Reinigung und Kur durchleiden. Denn hier legt ihr Tobias das Herz auf

glühende Kohlen[11], damit so jede Art von Teufel hervorkomme und ausgetrieben werde (Tob 6,8). Also kommen jetzt alle ihre Krankheiten ans Licht, die nun ins Auge fallen und behandelt werden können.

22. Die Schwächen aber und die Erbärmlichkeiten, die sich in der Seele verborgen hielten und die sie selbst weder sah noch spürte, sieht und spürt sie nun mit dem Licht und der Hitze des göttlichen Feuers. So wie man auch die Feuchtigkeit im Holz nicht wahrnimmt, bis sie im Feuer dampfend, tropfend und funkensprühend ausgeschwitzt wird. Das Gleiche geschieht der unvollkommenen Seele in dieser Flamme.
Denn jetzt, oh Wunder, prallen in der Seele die Gegensätze aufeinander: Die Kämpfer Gottes stehen gegen die Feinde der Seele, die nun zum Angriff übergehen. Und, wie die Philosophen sagen, die einen wollen die anderen in den Schatten stellen, und sie bekriegen sich im Subjekt der Seele[12], wobei die einen versuchen, die anderen zu vertreiben, um allein in der Seele zu herrschen. Das heißt, die höchst vollkommenen Eigenschaften und Wesenszüge Gottes kämpfen gegen die höchst unvollkommenen Eigenschaften und Verhaltensweisen des Subjektes der Seele, die in sich die Gegensätze erleidet.
Und da diese die Seele angreifende Flamme ungemein hell ist, strahlt ihr Licht in die ebenfalls ungemein dunkle Seele,

11 Juan denkt hier an das Buch Tobit, in dem der Engel dem Tobias rät, zur Dämonenaustreibung das Herz eines Fisches zu verbrennen.

12 Anspielung auf das philosophische Axiom von der Unvereinbarkeit zweier Gegensätze im gleichen Subjekt. Daher die verfremdende Wortwahl.

die nun ihre natürlichen und sündhaften Finsternisse wahrnimmt, die sich dem übernatürlichen[13] Licht entgegenstellen. Jedoch erkennt sie das übernatürliche Licht als solches nicht, weil sie es nicht so selbstverständlich in sich hat wie ihre Finsternis, und die Finsternis begreift nicht das Licht (Joh 1,5). Darum empfindet sie ihre Finsternis nur in dem Maße, in dem das göttliche Licht einfällt, denn ohne diesen Lichteinfall können die Seelen ihre Finsternis nicht wahrnehmen. Bis dann das göttliche Licht die Finsternis austreibt und die erleuchtete Seele erkennt, wie sie selbst zu diesem Licht wurde, das ihr geistiges Auge läuterte und stärkte. Denn gewaltiges Licht war Finsternis für den schwachen und unreinen Blick, ein Dunkel, dem das geistige Vermögen in beklagenswerter Weise unterlag. Und so war die Flamme *grausam* aus der Perspektive des Verstandes.

23. Und weil diese Flamme an sich voller Liebe ist und zärtlich und liebevoll in den Willen eindringt – und weil der Wille an sich höchst dürr und hart ist, begegnet die Zärtlichkeit der Härte und die Liebe der Trockenheit. Wenn so die Flamme liebevoll und zärtlich den Willen ergreift, fühlt dieser seine natürliche Härte und Dürre Gott gegenüber. Er fühlt aber nicht die Liebe und Zärtlichkeit der Flamme, denn er hatte sie zuvor als Härte und Trockenheit erlebt, mit denen sich deren Gegensätze Zärtlichkeit und Liebe nicht vereinen lassen.

13 Der Begriff des Übernatürlichen gehört zur scholastischen Sprache und meint das die Natur übersteigende Wesen Gottes. Darum zerstört es nicht das Natürliche, sondern kann dieses in der übernatürlichen Ordnung der Gnade am Göttlichen teilhaben lassen.

Dieser Widerspruch dauert, bis die ersteren durch die letzteren ausgetrieben sind und nun Gottes Liebe und Zärtlichkeit im Willen herrschen. Auf diese Weise also war die Flamme *grausam* für den Willen, denn sie ließ ihn seine eigene Härte und Dürre spüren.

Weil aber diese Flamme unsagbar weit und grenzenlos ist, der Wille aber schmal und eng, geht es nicht anders, wenn ihr Angriff ihn seine Schmalheit und Enge erfahren läßt: Sie erfaßt ihn, bis er in ihr erweitert, vergrößert und fähig wird, ihr zu entsprechen. Und obwohl die Flamme auch köstlich und süß ist, der Wille aber sich den geistigen Gaumen verdorben hatte mit seinen Launen und ungeordneten Neigungen, schien sie ihm ungenießbar und bitter. So konnte er die süße Speise der Liebe Gottes nicht verkosten. Also erfährt der Wille eben auch seine Beeinträchtigung und Unlust angesichts dieser höchst großzügigen und wohltuenden Flamme. Sie kann ihm nicht gefallen[14], denn er erfährt sie nicht in seinem Innern, wo er nur wahrnimmt, was es enthält, nämlich sein eigenes Elend.

Und schließlich: weil diese Flamme unendlich reich, gut und beseligend ist, die Seele an sich aber arm, denn sie besitzt weder Gutes noch etwas, das sie befriedigt, erkennt und fühlt sie in aller Klarheit ihre Erbärmlichkeiten, ihre Armut und ihre Bosheit neben dem Reichtum, der Güte und den Beglückungen der Flamme. Denn die Bosheit begreift nicht die Güte, die Armut nicht den Reichtum, usw.

14 Wörtlich: »wohlschmeckenden Flamme« und »sie kann ihm nicht schmecken«.

Bis dann schließlich die Flamme ihre Läuterung vollendet hat und mit ihrer verwandelnden Macht die Seele bereichert, verherrlicht und beglückt.
Darum also war ihr zunächst die Flamme unsäglich *grausam*, denn in ihr bekämpften sich die Gegensätze: Gott, der ganz Vollkommenheit ist, lag im Kampf gegen alle ihre eingewurzelten Unvollkommenheiten, um sie in seinem einenden Verwandlungsprozeß zu besänftigen, zu befrieden und zu erleuchten, wie es das Feuer mit dem Holz tut, das es ergreift.

24. Solche Läuterung widerfährt aber nur wenigen Seelen in dieser Stärke, nämlich nur denen, die Gott zum höchsten Grad der Einung erheben will. Denn er läutert jede Seele mehr oder weniger entsprechend dem ihr zugedachten Einungsgrad und auch entsprechend ihrer Unreinheit und Unvollkommenheit.
Darum gleicht dieses Leiden dem Fegfeuer, das die Verstorbenen (espíritus) läutert, damit sie im ewigen Leben zur klaren Gottesschau gelangen. Entsprechend werden die Seelen im irdischen Dasein gereinigt, damit sie sich durch Liebe verwandeln können.

25. Von der genauen Absicht dieser Läuterung und ihrem Mehr oder Weniger, von ihrer Ausrichtung auf den Verstand, den Willen, das Gedächtnis und den Seelengrund, ja, schließlich auf das Ganze, will ich nicht sprechen. Ebensowenig von der Läuterung des sinnenhaften Teils und wie man sie erkennt und wann der richtige Zeitpunkt auf dem kontemplativen Wege gekommen ist, denn dieses alles habe ich schon in meiner *Dunklen Nacht* behandelt, die anschließt an den *Auf-*

stieg zum Berge Karmel [beides ursprünglich als ein Buch gedacht]. Das gehört jetzt nicht zu meinem Vorhaben[15]. Es genügt zu wissen, daß es Gott selbst ist, der, da er durch Vereinigung und Liebesverwandlung in die Seele eingehen möchte, sie zuvor mit dem Licht und der Glut seiner läuternden Flamme ergreift. So wie ja auch, wie wir schon darlegten, das wirkliche Feuer mit Holz verfährt. Was also der Seele jetzt, da es sie im Innern ergreift, sanft ist, war *grausam* für sie, solange es sie von außen angriff.

26. Eben das will die Seele zu verstehen geben, wenn sie in dem hier erläuterten Vers sagt: *Nun bist du nicht mehr grausam.* Denn es ist doch letztendlich so, als sage sie: Du bist mir nicht dunkel wie einst, sondern bist nun das göttliche Licht meines Verstandes, das ich schauen kann. Und du läßt mich nicht wie zuvor hinsinken in Schwachheit, sondern bist jetzt die Kraft meines Willens, mit dem ich dich lieben und mich in dir freuen kann, da ich nun ganz in göttliche Liebe verwandelt wurde. Und du lastest nicht schwer wie einst in meinem Wesensgrund, sondern bist vielmehr seine Herrlichkeit, seine Seligkeit und Weite, so daß man von mir singen könnte wie im Hohenlied: »Wer ist sie, die aus der Wüste aufsteigt in der Fülle des Glückes? Die, an ihren Geliebten gelehnt, nach allen Seiten Liebe verströmt?« (Hld 8,5).
Denn so kann sie nun sprechen:

Vollende, wenn du willst

15 Juan will hier nicht die aktiven, sondern die passiven Nächte behandeln. Vgl. Werk *Noche oscura*.

27. Das meint: vollende mir mit deiner beseligenden Schau den Vollzug der mystischen Ehe – darum bittet jetzt die Seele. Denn es ist zwar richtig, daß auf dieser hohen Stufe im Maße ihrer Liebesverwandlung auch Übereinstimmung und Zufriedenheit wachsen, so daß sie von sich aus um nichts mehr zu bitten wüßte. Aber sie tut es für ihren Geliebten, denn »die Liebe«, wie der heilige Paulus sagt, »suchet nicht das Ihre« (1 Kor 13,5), sondern will alles für den Geliebten. Aber man muß ja auch bedenken, daß die Seele noch in der Hoffnung [des irdischen Daseins] lebt, in der man doch nicht umhin kann, auch eine Leere zu fühlen. Darum seufzt sie oft, wenn auch verhalten und dankbar, über das, was zur Vollendung ihrer Gotteskindschaft noch aussteht. Erst im Vollzug des ewigen Lebens wird ihr Begehren zur Ruhe kommen. Denn dieses, so sehr sie auch Gott schon geeint sein mag, wird sie nie zu wünschen und zu ersehnen aufhören, solange sie die ewige Herrlichkeit nicht schaut. Ja, je mehr sie davon schon erfährt, um so größer wird ihre Sehnsucht. So groß, daß, wenn Gott nicht auch dem Fleische gnädig wäre, indem er unsere Natur mit seiner Rechten stützt, – wie er es schon bei Mose am Felsen tat, damit dieser ihn in seiner Herrlichkeit schauen konnte, ohne zu sterben –, unsere Natur bei jedem Aufflammen vergehen und sterben müßte, denn sie hätte als niederer Teil keinen Schutz, um einem so gewaltigen und intensiven Feuer der Seligkeit standzuhalten.

28. Doch kommen Begehren und Bitte hier nicht aus dem Leiden, denn das kann die Seele in diesem Stadium nicht mehr haben, sondern aus einem sanften und beglückenden Sehnen, bei dem Geist und Sinne übereinstimmen. Darum sagt die Seele den Vers *Vollende, wenn du willst*, denn Wille

und Begehren sind so eins mit Gott geworden, daß es ihr Seligkeit ist, Gottes Willen zu erfüllen.

Andererseits ist diese Ahnung von Herrlichkeit und Liebe in den angedeuteten Berührungen, die doch vor der engen Tür des kleinen irdischen Seelenhauses haltmachen müssen, derart, daß es schon eher ein Mangel an Liebe wäre, bäte man nicht um Eingang in ihre Vollkommenheit und Erfüllung. Sieht doch die Seele, wie der Heilige Geist mit dieser beglückenden Kraft der Mitteilung ihres Bräutigams sie auffordert und einlädt, wobei er ihr ganz wunderbar und gefühlsstark jene unendliche Herrlichkeit vor Augen stellt. Dazu spricht er in ihrem Innern folgende Worte der Braut aus dem Hohenlied, nämlich:

»Hört, was mein Bräutigam mir sagt: Steh auf, meine Freundin, meine Taube, meine Schöne, so komm doch! Denn vorbei ist der Winter, verrauscht der Regen, auf der Flur erscheinen die Blumen. Die Zeit des Weinrebenschnittes [auch: »des Singens«] ist da. Die Stimme der Turteltaube ist zu hören in unserm Land. Am Feigenbaum reifen die Früchte, die blühenden Reben duften. Steh auf, meine Freundin, meine Anmutige, so komm doch! Meine Taube in der Felsgrotte, in der Mauerhöhlung, zeig mir dein Antlitz, laß mich deine Stimme hören, denn deine Stimme ist süß und dein Antlitz schön« (Hld 2, 10-14).

Das alles vernimmt die Seele, und sie versteht es klar im höheren Sinne des ewigen Lebens, das ihr der Heilige Geist in seinem zärtlich-sanften Brennen zeigt, weil er sie gern in seine Herrlichkeit einführen würde. Weshalb sie, so aufgefordert, ihm antwortet und spricht: *Vollende, wenn du willst*, womit sie den Bräutigam mit den Worten bittet, die er uns im Evangelium lehrte, nämlich: »Dein Reich komme! Dein Wille geschehe!« (Mt 6,10). Denn sie meint, wenn sie sagt

vollende: »Gib mir dein Reich«, und wenn sie sagt *wenn du willst*, meint sie: »nach deinem Willen«.
Und damit das geschehen kann, folgt der Vers:

Zerreiß den Schleier dieser süßen Begegnung

29. Denn dieser Schleier ist es, der das große Vorhaben behindert. Wenn nämlich die Hindernisse beseitigt sind und die Schleier zwischen Gott und der Seele zerrissen, so ist es leicht, zu ihm zu gelangen. Die hindernden Schleier, die durchdrungen werden müssen, damit die Seele Gott ganz besitze, sind nach unserem Dafürhalten drei, nämlich: ein zeitlicher Schleier, der alle Kreaturen umfaßt; ein natürlicher, der die rein naturhaften Neigungen und Vorgänge umgibt, und ein sinnenhafter Schleier, der einzig die Vereinigung von Seele und Leib zusammenhält, das heißt, das sinnenhafte leibliche Leben, von dem der heilige Paulus sagte: »Wir wissen, daß, wenn dieses unser irdisches Haus vergeht, wir eine Wohnung bei Gott im Himmel haben« (2 Kor 5, 1).
Die beiden ersten Schleier müssen für die Gotteinung unbedingt zerreißen, denn sie fordert Verzicht auf alles Weltliche, so wie auch alles Begehren und alle natürlichen Neigungen uns nicht mehr beherrschen dürfen, denn die Vorgänge in der Seele haben sich von natürlichen in göttliche verwandelt. Das war das Geschehen in den »grausamen« Begegnungen mit der Flamme. In der geistigen Läuterung, von der wir schon sprachen, gelingt es der Seele, die beiden Schleier zu zerreißen. Und so gelangt sie bereits zu dieser wenn auch unvollkommenen Gotteinung. Nun fehlt ihr nur noch der Riß im Schleier des irdischen Lebens. Darum spricht sie nicht von Schleiern, sondern vom Schleier. Der aber wurde schon so fein und zart durch die Vergeistigung der

erreichten Gottesnähe, daß die Flamme der Seele nicht mehr in Strenge begegnet, sondern köstlich und süß. Denn eben darum spricht sie hier von einer *süßen Begegnung*, die um so süßer und köstlicher ist, je mehr der *Schleier* des Lebens zu *reißen* scheint.

30. Darum gleicht zwar das Sterben der bis zu diesem Stadium gelangten Seelen in seinen natürlichen Bedingungen dem Sterben anderer auch, aber in der Ursache und Weise des Todes ist der Unterschied groß. Denn während andere durch Alter oder Krankheit sterben, geht bei diesen die Seele, selbst wenn sie an Krankheit stirbt oder weil ihre Lebenszeit abgelaufen ist, letztlich nicht dadurch in die Ewigkeit ein, sondern durch eine so leidenschaftliche und überwältigende Begegnung des Liebens, daß sie an Intensität, Macht und Wert alle früheren Begegnungen übertrifft, denn sie vermochte den Schleier zu zerreißen und das Kleinod der Seele zu entführen.
So ist der Tod solcher Seelen sehr sanft und innig, sanfter und inniger als sie es je auf ihrem mystischen Wege erfuhren. Denn wenn sie in äußerster Überwältigung durch die beglükkenden Liebesbegegnungen sterben, gleichen sie dem Schwan, der sterbend am lieblichsten singt. Darum sagte David, das Sterben der Heiligen sei kostbar in den Augen des Herrn (Ps 116,15), vereinigen sich darin doch alle Reichtümer der Seele und fließen als Ströme der Liebe zum Meer. Genauer: diese Ströme sind schon so breit und so wasserreich, daß sie Meeren gleichen. Der erste und der letzte der Schätze vereinigen sich, um den Gerechten [den Geläuterten] zu begleiten, der in sein Königreich aufbricht: »und von den äußersten Enden der Erde hören wir Lieder zum Preis des Gerechten«, wie Jesaja sagt (Jes 24,16).

31. Die Seele fühlt sich zur Zeit dieser beglückenden Begegnungen schon im Begriff, ihr Königreich mit allen seinen Reichtümern voll und ganz in Besitz zu nehmen, denn sie weiß sich nun durch die Fülle der Tugenden dafür bereitet. Gott läßt nämlich in diesem Stadium die Seele ihre eigene Schönheit sehen und macht sie vertraut mit den Gaben und Tugenden, die er ihr schenkte. Darum ist nun alles Liebe und Lobpreis, von Hochmut oder Eitelkeit unberührt, denn es gibt keinen Unvollkommenheits-Sauerteig, der das Ganze verderben könnte. Doch als nun die Seele sieht, daß ihr nichts weiter fehlt als das Reißen dieses schwachen Schleiers des irdischen Lebens, der sie wie ein Netz gefangenhält und ihre Freiheit behindert, während sie doch erlöst und bei Christus sein möchte (Phil 1, 23), ist es ihr schmerzlich, daß ein so niederes und schwaches Leben sie am hohen und starken hindern sollte, und sie bittet, der Lebensfaden möge reißen, indem sie sagt: *Zerreiß den Schleier dieser süßen Begegnung!*

32. Und sie nennt es »Schleier« aus drei Gründen: Erstens wegen der Verbindung zwischen Geist und Fleisch; zweitens wegen der Trennung zwischen Gott und Seele; drittens, weil ja ein Schleier nicht so fest und dicht ist, daß er kein Licht durchließe. Denn in diesem Stadium ist das Verbindungsstück schon so dünn und brüchig, weil so vergeistigt, verfeinert und erleuchtet, daß die Gottheit nicht umhin kann, hindurchzuscheinen. Und da die Seele die Stärke des ewigen Lebens spürt, muß sie auch die Schwachheit des Irdischen erkennen. Es scheint ihr aus hauchdünnem Stoff zu sein, ja, wie ein Spinnengewebe, wie denn David sagte: »Unsere Jahre sind wie ein Spinnengewebe zu betrachten« (Ps 90,9). Für die

Seele in ihrer Größe ist das alles noch viel geringer, denn sie findet sich in die Sichtweise Gottes versetzt und nimmt die Dinge so wahr wie Er, zu dem David sagt: »Tausend Jahre sind für dich wie der Tag, der gestern vergangen ist« (Ps 90,4), oder von dem Jesaia spricht: »Alle Völker sind vor Gott wie ein Nichts« (Jes 40,17). In diesem Maßstab sieht es auch die Seele, der alles nichts ist, so wie sie auch Nichts in den eigenen Augen ist. Einzig ihr Gott ist alles für sie.

33. Aber man muß hier überlegen: Warum bittet die Seele um ein Zerreißen des Schleiers und nicht um sein Abschneiden oder Vernichten? Wir können sagen, aus folgenden vier Gründen: Erstens wegen des Wortsinns. Denn das Zerreißen paßt besser zu einem Treffen[16] als das Schneiden oder Vernichten. Zweitens wegen der Liebe, denn sie liebt die Stärke und den starken und heftigen Kontakt, was sich besser umsetzt in Zerreißen als in Schneiden und Vernichten. Drittens, weil Liebe begehrt, sich so rasch wie möglich ins Werk zu setzen, das, je kürzer und geistiger, um so stärker und wertvoller ist, weil geballte Kraft mehr ist als verteilte.
Auch prägt die Liebe sich ein wie die Form der Materie, was in einem Augenblick geschieht. Denn bis dahin gab es keinen Vollzug (acto), sondern nur die Bereitung dafür. Und so vollziehen sich die spirituellen Schritte in der Seele wie in einem Augenblick, denn es sind Eingießungen Gottes. Die übrigen Liebesregungen aber, die aus dem Antrieb der Seele kommen, sind eher als eine Folge von bereitenden Wünschen und Gefühlen zu

16 »Encuentro« = Begegnung, Treffen, Gefecht, Aufprall, Zusammenstoß. Juan liebt Worte mit großer Bedeutungs-Aura.

bezeichnen, die niemals an das vollkommene Wirken der Liebe oder Kontemplation heranreichen –, es sei denn, daß Gott, wie ich schon sagte, sie mit großer Schnelligkeit im Geiste formt und vollendet. Darum sagte der Weise, »das Ende des Gebets ist besser als der Beginn« (Koh 7,9) und gibt es die Redensart, »das kurze Gebet durchdringt die Himmel« (Sir 35, 21).
Darum kann die wohlbereitete Seele in Kürze mehr und Intensiveres vollbringen als die nicht geübte in großen Zeiträumen. Durch ihre Vorbereitung vermag sie auch ziemlich lange im jeweiligen Liebes- oder Kontemplationsverhalten zu verweilen. In der ungeübten Seele dagegen liegt noch alles daran, den Geist zu bereiten, und zögert das Feuer, das Holz zu ergreifen, sei es, weil es noch feucht ist, sei es, weil nur wenig Wärme zur Verfügung steht, oder auch aus beiden Gründen. Die geübte Seele dagegen wird in einem Augenblick vom Liebesvollzug ergriffen, denn der Funke trifft bei jedem Überspringen auf trockenen Zunder, weshalb also der Seele ein kurzes Zerreißen [des Schleiers] lieber ist als langwieriges Schneiden und Vernichten.
Der vierte Grund für die Bitte um Zerreißen ist der Wunsch, daß der Lebensstoff sich möglichst schnell vollende, wogegen Schneiden und Vernichten zusätzlich der Beratung bedürfen. Denn man muß für die Reife und Vollendung einer Sache den richtigen Zeitpunkt abwarten, während Zerreißen nicht auf Heranreifen und dergleichen achtet[17].

34. Eben diese Schnelligkeit wünscht sich die liebende Seele, die keinen Aufschub will, um ein natürliches Lebensende zu

17 Spiel mit dem Bedeutungsunterschied von »acabar« = beenden, vollenden und »acabar con« = wegnehmen, vernichten, ein Ende machen.

erwarten, und auch kein Zerschneiden des Gewebes zu einem bestimmten Termin. Denn die Macht der Liebe und die innere Bereitschaft lassen sie wünschen und bitten, daß das Leben sogleich in einer überwältigenden und übernatürlichen[18] Begegnung göttlichen Liebens ende. Sie weiß nämlich sehr gut, daß Gott es sich vorbehält, Seelen, die er sehr liebt, schon vor der Zeit zu sich zu holen. Also vervollkommnet er sie durch diese Liebe in kurzer Zeit gemäß der Möglichkeit, die sie in ihrem längeren Leben gehabt hätte. Das meinte der Weise, wenn er sagte: »Wer Gott gefällt, wird von ihm geliebt. Und weil er unter Sündern lebte, wurde er hinweggenommen. Er wurde entrissen, damit nicht Schlechtigkeit seine Einsicht verkehre und Trug seine Seele nicht täusche. Frühvollendet, vollbrachte er das Werk eines langen Lebens. Denn seine Seele war Gott wohlgefällig in solchem Maße, daß dieser sich beeilte, sie mitten aus der Schlechtigkeit zu holen« (Weish 4,10-14). Bis hier die Worte des Weisen, aus denen man ersieht, mit wieviel Fug und Recht die Seele den Ausdruck »reißen« gebraucht. Denn im obigen Text benutzt der Heilige Geist die beiden Begriffe »entreißen« und »sich beeilen«, Ausdrücke, denen jeder Aufschub fremd ist. Im »Sichbeeilen« Gottes wird die Eile kundgetan, mit der er die Liebe des Gerechten [Geläuterten] binnen kurzem vollendete. »Entreißen« gibt das Wegholen vor Ablauf der natürlichen Zeit zu verstehen. Darum ist es für die Seele von großer Wichtigkeit, daß sie in diesem Leben die Liebe praktisch einübe. Dann wird sie sich bald vollenden, ohne hier und dort, wo sie Gott nicht schauen kann, ihre Zeit zu vergeuden.

18 Vgl. Note zu Absatz 22.

35. Wir wollen nun aber sehen, warum sie diesem inneren Eindringen des Heiligen Geistes den Namen »Begegnung« vor allen anderen Bezeichnungen gibt. Der Grund liegt darin, daß die gotterfüllte Seele sich unendlich nach dem Lebensende sehnt, jedoch die Zeit für ihre Vollendung noch nicht gekommen ist. Sie erkennt nun, daß Gott für ihre Vervollkommnung und um sie über das Fleisch zu erheben, ihr mit göttlichen und beseligenden Angriffen begegnet und in sie »einfällt«, um sie zu läutern und sie vom rein fleischlichen Leben zu befreien. Er durchdringt sie bis hinab auf den Grund, der vergöttlicht wird, er macht die Seele gottförmig, indem er sie über alles Sein hinaus in sein eigenes Sein aufnimmt und überführt.
Das ist möglich, weil Gott ihr begegnete und sie im Heiligen Geiste lebendig durchdrang, dem Heiligen Geist, dessen Mitteilungen überwältigend sind, wenn sie erglühen wie in dieser Begegnung[19], die von der Seele als süß bezeichnet wird, weil sie sich darin Gottes so lebendig erfreut. Nicht, daß andere Gotteserfahrungen und Berührungen, die dieser Stufe eigen sind, ihr nicht süß gewesen wären. Aber diese Gotteserfahrung, die ihr nun geschenkt wird, weil Gott, wie wir schon sagten, sie rasch loslösen und mit dem ewigen Leben beglükken will, übersteigt alle anderen. Darum wachsen der Seele nun Flügel und sagt sie: *»Zerreiß den Schleier«* usw.

36. Wenn ich nun noch einmal die ganze Strophe zusammenfasse, so ist es, als sagte die Seele: O Flamme des Heiligen

19 Das Durchdringen und Eingehen gibt, ebenso wie der Schleier, diesem Kommentar eine zarte, aber deutliche erotische Note, vgl. die Empfängnis Mariens.

Geistes, die du so vertraut und zärtlich meinen Wesensgrund mit deiner beseligenden Glut durchdringst und läuterst! Wie freundlich schon zeigst du dich mir, da du gewillt bist, mir das ewige Leben zu geben! Wenn zuvor das Flehen meiner bedrängten und qualvollen Liebe nicht an dein Ohr drang, dann, weil mir Geist und Sinn unrein waren und schwach, so daß es meiner Liebe an Kraft fehlte, wenn ich dich bat, du mögest mich befreien und zu dir nehmen.

Wie sehnlich ich dich auch ersehnte, du hörtest mich nicht, denn ungeduldig war meine Liebe und ließ mich nicht in Einklang kommen mit diesem irdischen Leben, das ich nach deinem Willen noch leben sollte. Wenn also das Ungenügen der früheren Aufschwünge der Liebe dich nicht erreichte, bin ich doch nun so stark im Lieben geworden, daß mir in dir nicht nur Geist und Sinne nicht schwinden, sondern vielmehr, durch dich gestärkt, »mein Herz und mein Fleisch sich freuen im lebendigen Gott« (Ps 84,3), und dies im vollkommenen Einklang. Was du wünschst, daß ich bitten soll, das bitte ich, und was du nicht willst, will auch ich nicht, kann es nicht einmal wollen, denn es kommt mir nicht in den Sinn. So gewannen nun in deinen Augen meine Gebete an Wert und Wirksamkeit, denn sie kommen aus dir, du bewegst mich zu ihnen. Und mit Wohlgefallen und Freude im Heiligen Geiste bitte ich dich: »Von deinem Angesicht ergehe mein Urteil« (Ps 17,2). Damit meine ich: Wenn du meine Bitten hörst und schätzst, so *zerreiße den* dünnen *Schleier* dieses Lebens und laß es nicht so weit kommen, daß erst Alter und Jahre ihn auf natürliche Weise abschneiden. Denn von nun an will ich dich lieben in all der Fülle und mit der Erfüllung, die meine Seele ersehnt ohne Ende und Grenzen.

Erklärung der zweiten Strophe
Das verwandelnde Werk der Hl. Dreifaltigkeit

O sanftes Brennen!
O innig empfundene Wunde!
O milde Hand! O zarte Berührung!
Die nach ewigem Leben schmeckt
Und alles Geschuldete vergilt!
Du verwandelst tötend Tod in Leben!

1. In dieser Strophe gibt die Seele zu verstehen, daß es die drei Personen der Heiligen Dreifaltigkeit sind, der Vater, der Sohn und der Heilige Geist, die das göttliche Werk der Einung in ihr vollziehen. So sind Brennen, Hand und Berührung im Wesentlichen ein und dasselbe. Sie gibt ihnen aber die Namen, die ihrer unterschiedlichen Wirkung entsprechen.

Das *Brennen* ist der Heilige Geist. Die *Hand* ist der Vater, die *Berührung* der Sohn. Und so verherrlicht hier die Seele den Vater, den Sohn und den Heiligen Geist, indem sie drei große Gnadengeschenke rühmt, die diese in ihr wirken, da sie ihren Tod gegen Leben tauschten, denn sie haben sie in sich verwandelt.

Die erste Gnade ist die *innig empfundene Wunde*, die sie dem Heiligen Geist zuspricht, den sie deshalb als *Brennen* bezeichnet. Die zweite Gnade ist *Geschmack des ewigen Lebens*, die sie dem Sohn zuordnet und *zarte Berührung* nennt. Die dritte Gnade hat sie in das Leben der Dreifaltigkeit hinein verwandelt. Es ist die der *beglichenen Schuldigkeit* und wird von der Seele dem Vater zugeschrieben, darum nennt sie sie *milde Hand*.

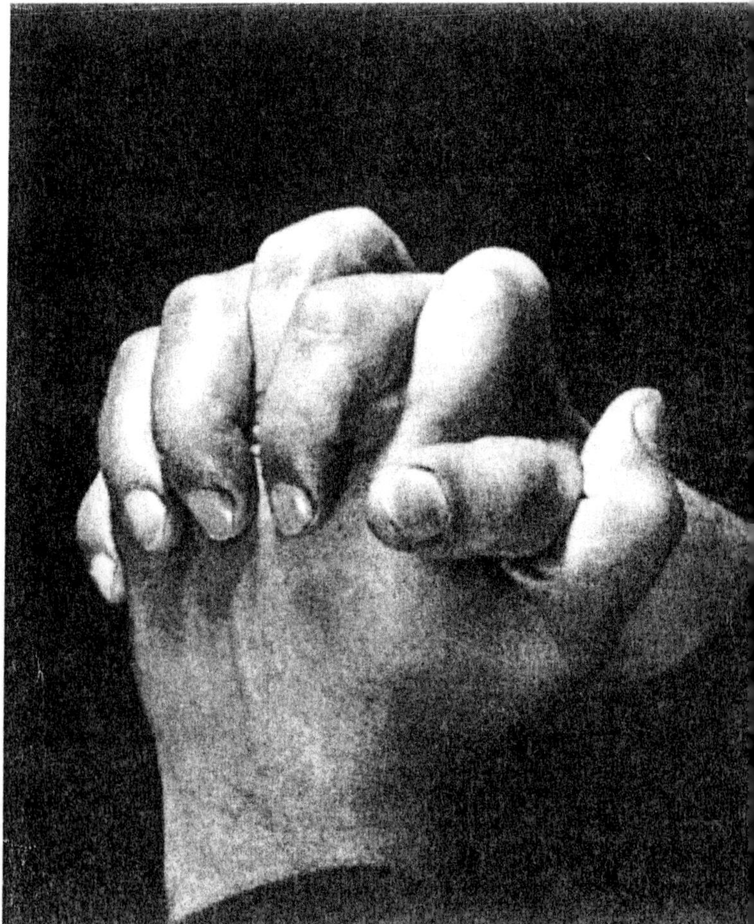

Und wenn sie hier auch alle Drei nennt wegen der Besonderheit ihrer Wirkungen, spricht sie doch nur wie mit einem, indem sie sagt:
Du verwandelst Tod, denn die drei wirken in Einheit, und so schreibt die Seele alles einem und allen alles zu.
Es folgt der Vers:

O sanftes Brennen

2. Dieses Brennen ist, wie wir schon erläuterten, der Heilige Geist, sagt doch auch Mose im Deuteronomium: »Denn unser Herr und Gott ist ein verzehrendes Feuer« (Dtn 4,24). Was meint: ein Liebesfeuer, das in seiner unendlichen Kraft die Seele, die es berühren will, unschätzbar verzehren und in sich verwandeln kann.
Doch eine jede Seele wird von dem Liebesfeuer nur so weit verbrannt und verzehrt, wie Gott sie dafür bereitet findet: die eine mehr und die andere weniger, und das, solange und wie und wann er will. Und weil er ein unendliches Feuer der Liebe ist, fühlt die Seele, die er sehr innig berühren will, eine Liebesglut von solchen Graden, daß ihr ist, als brenne sie heißer als alle Feuer der Welt.
Darum nennt sie in dieser Verbindung den Heiligen Geist ein *Brennen*, denn so wie im Brennen des Brenneisens das Feuer intensiver, heftiger und wirksamer ist als in anderen Feuerbränden, verhält es sich auch mit dem Vorgang dieser Einung, weil sie als Liebesfeuer alle anderen überstrahlt. Und die Seele, so weit das göttliche Feuer sie tatsächlich schon in sich verwandelt hat, fühlt nicht nur die Glut, sondern erglüht selbst in heftigem Feuerbrand.

3. Und es ist wunderbar und sagenswert, daß Gottes verzehrendes Feuer, das tausend Welten leichter vernichtet als unser irdisches Feuer eine Flachsfaser, die Seele, in der es brennt, nicht verzehrt und zunichte macht, ja, ihr keinerlei Leid zufügt. Vielmehr brennt und glüht es in ihr mit lieblicher Sanftheit und vergöttlicht und beseligt sie entsprechend der Stärke der Liebe. Das ist möglich durch die innere Vollkommenheit und Reinheit, mit der die Seele im Heiligen Geiste entbrennt, so wie auch in der Apostelgeschichte berichtet wird, daß, als dieses Feuer mit Macht herabkam, es die Apostel entflammte, die, wie der heilige Gregor sagt, innerlich lieblich in Liebe entbrannten[1]. Das ist es auch, was die Kirche zu verstehen gibt, wenn sie im gleichen Zusammenhang sagt: »Es kam Feuer vom Himmel, das nicht verbrannte, sondern strahlte; das nicht verzehrte, sondern erleuchtete« [Röm. Brevier]. Denn da es Gottes Ziel ist, die Seele durch seine Mitteilungen zu verherrlichen, beengt und plagt er sie nicht, sondern erweitert und beseligt sie. Sie wird nicht, wie vom natürlichen Feuer, geschwärzt und eingeäschert, sondern erhellt und bereichert, weshalb sie vom *sanften Brennen* spricht.

4. Und so geschieht es, daß die glückliche Seele, die durch große Fügung zu solcher Glut gelangte, alles weiß, alles genießt, alles tut, was sie will, und alles gelingt ihr. Niemand beeinträchtigt sie, nichts kann ihr etwas anhaben. Denn nun ist es die Seele, von der der Apostel sagt: »Der geisterfüllte Mensch beurteilt alles und wird von niemandem beurteilt«(1 Kor 2,15). Und nochmals: »Der Geist ergründet alles, auch die Tiefen Gottes« (1 Kor

1 Homilia 40 in Evangelium, PL 76, 1220.

2,10). Denn das ist die Eigenschaft der Liebe: all den Wesensreichtum des Geliebten zu erforschen.

5. O große Herrlichkeit der Seelen, die ihr verdient, zu diesem höchsten Feuer zu gelangen, das, trotz seiner unendlichen Möglichkeit zu verzehren und zu vernichten, euch nicht verzehrt, sondern unendlich in Herrlichkeit vollendet[2]! Wundert euch nicht, daß Gott einige Seelen so sehr erhebt, denn, so sagt der Heilige Geist: »So wie die Sonne im Vergleich zum Schmelzofen dreimal stärker die Berge bescheint, wirkt Gott auf die Heiligen in besonderer und wunderbarer Weise« (Sir 43,4). Wenn also dieses Brennen so innig ist, wie wir bereits erklärten, wie reich beschenkt müssen wir uns die Seele denken, die es berührt! So sehr, daß sie, auch wenn sie es wollte, es nicht zu schildern vermag, sondern mit ihrem dankbaren Herzen und lobpreisenden Munde nur die Worte hervorbringt:

O innig empfundene Wunde

6. Nachdem die Seele bisher das Brennen [cauterio, Brenneisen] angeredet hatte, spricht sie nun zur Brandwunde. Und da das Brennen so innig war, wie schon gesagt, muß logischerweise die Wunde dem entsprechen. Weil sie die Sanftheit des Brennens beglückt empfindet, wird auch die Wunde sie sanft beglücken, denn das Brennen der Liebe ist ja Ursache dieser Wunde innigen Liebens.

7. Um die Art der Wunde, von der hier die Rede ist, besser zu verstehen, muß man bedenken, daß das materielle Feuer

2 Wortspiel consumir (verzehren) und consumar (vollenden).

immer dort verwundet, wo es berührt. Und so hat das Brenneisen folgende Eigenschaft: wo es auf eine Wunde trifft, die nicht vom Feuer herrührt, verwandelt es sie in Feuer. So geht es auch mit dem Brenneisen der Liebe, wenn es die Seele berührt: mag sie auch Wunden tragen von ihrer Erbärmlichkeit und ihren Sünden, wird sie dadurch geheilt, daß nun die Liebe sie verwundet. So daß Wunden anderer Ursache jetzt zu Liebeswunden werden.

Aber hier gibt es einen Unterschied zwischen dem Brennen der Liebe und dem materiellen Feuer: dieses vermag die Wunde, die es selbst schlägt, nicht wieder zu heilen, dafür bedarf es anderer Mittel. Die Wunde des Liebesbrandes dagegen ist keiner anderen Medizin zugänglich, denn eben nur dieses gleiche Brennen vermag sie zu heilen. Ja, das Einbrennen der Wunde ist auch schon ihre Heilung. Denn jedesmal, wenn das Brenneisen der Liebe die Liebeswunde berührt, wird diese größer, zugleich aber heiler und geheilt. Die Heilung der Liebe besteht im Verwunden des Verwundeten, bis die Wunde so groß ist, daß die in sie aufgehende Seele nur noch eine einzige Wunde ist. So ganz verbrannt und zur Liebeswunde geworden, ist sie ganz heil in Liebe, denn sie wurde in Liebe verwandelt.

So ist die Wunde zu verstehen, von der hier die Seele spricht, völlig verwundet und völlig geheilt. Und weil, trotz totaler Verwundung und totaler Heilung, der Liebesbrand seine Aufgabe nicht beendet, nämlich weiter in Liebe zu berühren und zwar dort, wo alles schon heil und geheilt ist, wirkt er nun durch die Pflege der Wunde, so wie es auch ein guter Arzt tun würde. Darum sagt jetzt die Seele *O innig empfundene Wunde!* Das bedeutet: O Wunde, inniger und beseligender, je höher und intensiver das Feuer brennt, das sie verursacht. Denn da der Heilige Geist die Wunde mit dem Ziel der Beseligung schlug, und da sein Wunsch, die Seele zu beseligen, groß ist, muß auch die Wunde groß sein, denn groß wird sie beseligt!

8. O glückselige Wunde, geschlagen von dem, der nur zu heilen weiß! O glückbringende und höchst glückselige Wunde, zur Seligkeit geschaffen, denn das von dir verursachte Leiden ist für die verwundete Seele Geschenk und Seligkeit! Groß bist du, o beglückende Wunde, denn groß ist, der dich schlug. Und groß ist das Geschenk, denn das Feuer der Liebe ist unendlich, und es beschenkt dich nach deiner Größe und Fassungskraft. O du beseligende Wunde! Ja, du beschenkst um so kostbarer, je mehr dein Brennen die unendliche Mitte des Seelengrundes berührte, wo es alles Brennbare verbrennt, um alles Schenkbare zu schenken. Dieses Brennen und diese Wunde müssen wir als das Äußerste verstehen, was auf dieser Stufe möglich ist. Denn es gibt noch viele andere Weisen Gottes, in der Seele zu brennen, die anders sind und nicht so weit führen. Denn hier handelt es sich um das direkte Eingehen der Gottheit in die von ihr berührte Seele, ganz ohne eine geistige oder bildhafte Vorstellung oder Gestalt [vgl. scholastische Visionenlehre].

9. Es gibt aber noch eine weitere hoch zu bewertende Weise, der Seele eine geistige Erfahrung einzubrennen, nämlich diese: Es kann, wenn die Seele in Gottesliebe entflammt ist, geschehen, – (vielleicht noch nicht ganz auf dem Entwicklungsstande, wie wir ihn geschildert haben, aber es wäre für das, was

ich darlegen will, doch gut, wenn sie schon so weit wäre) – daß die Seele fühlt, wie ein Seraph sie mit einem vom Liebesfeuer hochglühenden Pfeil oder Speer durchbohrt und ihr, die sie schon in Glut oder, besser gesagt, in Flammen stand, ein Brandmal des Allerhöchsten einprägt[3]. Während in diesem Vorgang der Pfeil sie durchdringt, reagiert die Seelenflamme augenblicklich und schießt heftig empor. Ganz wie in der Esse einer Schmiede, wenn man das Feuer schürt und die angefachte Flamme heißer und lebendiger brennt. Und indem der glühende Wurfpfeil die Seele verwundet, verursacht ihr diese Wunde ein unsägliches Glücksgefühl. Denn mehr noch als die Erschütterung durch die liebliche Sanftheit, mit der der Seraph sie im Innern feurig bewegt und erregt, fühlt sie die große Glut und das Hinschmelzen in Liebe, spürt die feine Wunde und das Kraut, mit dem das Eisen wirksam geschliffen wurde[4], als scharfe Spitze im Geistesgrunde, wo sie das Herz der Seele durchbohrte.

10. In diesem innersten Punkt der Wunde, der sich mitten im Herzen des Geistes zu befinden scheint, spürt man die Intensität der Seligkeit – wer könnte gebührend davon sprechen?

3 Obwohl die Erfahrung der Transverberation in der Mystik bekannt ist – schon der hl. Augustinus sprach von ihr – denkt Juan hier vermutlich an den Bericht seiner Ordensmutter Teresa von Ávila, deren Schilderung, die später Bernini zu seinem berühmten Kunstwerk inspirierte, sehr genau ist (vgl. Teresa de Jesús, u.a. Vida 29,13-14).

4 Das Kraut, vermutlich Veratrum, ist ein Gift, mit dem man schon in der Antike die Pfeilspitzen tödicher machte, vergleichbar etwa dem indianischen Curare. Juan verweist auf die zugleich heilende Wirkung des Krautes, so wie auch das Feuer verwundet und heilt.

Die Seele fühlt hier so etwas wie ein winziges Senfkorn, äußerst lebendig und entflammt, das aus sich auf die Umgebung ein lebendiges und flammendes Liebesfeuer ausstrahlt. Und dieses Feuer, das aus dem Wesenskern der intensiv spürbaren Mitte hervorgeht, wo das heilende Gift der Pfeilspitze seine Wirkung entfaltet, spürt man zart in alle geistigen und seinshaften Adern der Seele eindringen und sich verzweigen im Maße ihrer Möglichkeit und Kraft. Sie fühlt dabei die Glut zunehmen und wachsen, und mit ihr die Glut der Liebe, so daß ein Feuermeer in ihr wogt, das von der Erde zum Himmel reicht und alles mit Liebe erfüllt. Ja, das ganze Universum wird zum Meer der Liebe, und die Seele flutet darin und erblickt weder Grenzen noch Ende, während sie zugleich, wie wir schon sagten, in sich den lebendigen Kern und das Zentrum der Liebe erfährt[5].

11. Die Erfahrung der Seele läßt sich nicht weiter beschreiben. Man kann nur auf den guten Vergleich des Senfkorns mit dem Himmelreich im Evangelium (Mt 13,31-32) hinweisen, das, klein wie es ist, in seinem Wachstumseifer zu einem großen Baum heranwächst. So fühlt sich auch die Seele zu einem grenzenlosen Liebesfeuer werden, das vom glühenden Mittelpunkt im Herzen des Geistes ausgeht.

5 Juan spielt mit der Verwandtschaft *punta* (Spitze) und *punto* (Punkt, Zeitpunkt, Mittelpunkt). Dahinter steht der aus Stoa und Neuplatonismus hergeleitete mittelalterliche Gedanke der Seelenspitze oder des Seelenfunkens als ontologischer Gottesbezug. Vgl. E.v. Ivanka, Apex mentis, in: Zeitschrift für Katholische Theologie 72, 1950, 129-176, und P. Dinzelbacher, Wörterbuch der Mystik, Kröner, Stuttgart 1989, 455f.

12. Nur wenige Seelen kommen so weit, aber einigen ist es gelungen, vor allem jenen, deren Geist und Gaben sich ausbreiten sollen unter den nachfolgenden geistlichen Kindern, je nach der geringeren oder größeren Resonanz, die sie mit ihrer geistlichen Lehre finden.

13. Kehren wir doch noch einmal zum Tun des Seraph zurück, zu diesem wahren Verwunden und Versehren im Innern des Geistes. Gestattet Gott nämlich, daß etwas von der inneren Wirkung des Verwundens auch körperlich gefühlt und sichtbar werde, so tritt die Wunde und Versehrung nach außen, wie es dem heiligen Franz von Assisi geschah, als der Seraph ihn verwundete. Da zeigte sich die gleiche Wirkung am Körper, der so stigmatisiert wurde, wie die Liebe der Seele ihre Wunden eingeprägt hatte. Denn Gott erweist im allgemeinen dem Leib keine Gnade, die er nicht zuvor und in erster Linie der Seele erwiesen hätte. Daraus ergibt sich, daß, je größer die Kraft und Beseligung der Liebe als Ursache der inneren Wunde ist, um so größer die äußere Erscheinung der Wunde des Leibes. Wächst die eine, so wächst auch die andere. Das ist so, weil das, was dem sterblichen Fleische dieser geläuterten und in Gott lebenden Seelen Schmerz und Qual ist, vom starken und heilen Geist als süß und lustvoll empfunden wird.
Und so ist es schon etwas Wunderbares, das Wachsen der Lust im Schmerz zu fühlen. Dieses Wunder vermochte Hiob sehr gut in seinen Wunden zu erkennen, als er zu Gott sprach: »Wunderbar plagst du mich, da du dich mir wieder zukehrst« (Ijob 10,16). Denn es ist wirklich ein großes Wunder, wie Gott für jene, die ihn fürchten, einen entsprechenden Reichtum

an Süße und Innigkeit verborgen hält (vgl. Ps 31,20), so daß er um so mehr Lust und Süße erfahren läßt, je stärker Schmerz und Qual zu fühlen sind.
Verbleibt aber die Verwundung in der Seele, ohne nach außen zu treten, so kann die Glückseligkeit noch intensiver und wertvoller sein. Denn so wie das Fleisch den Geist bremst, wenn sich ihm seine Güter mitteilen, zügelt es auch hier dieses leichtfüßige Geistespferd und dämpft sein Feuer. Denn würde es seine Stärke ungemindert übernehmen, so rissen die Zügel und ginge das Pferd durch. Bis dahin bleibt seine Freiheit in Grenzen, wie denn auch der Weise sagt: »Der vergängliche Leib belastet die Seele, und die irdische Wohnung bedrückt den geistigen Sinn, der an sich Vieles umfaßt und begreift« (Weish 9,15).

14. Dieses sage ich, damit man verstehe, daß jemand, der sich immer nur an die natürliche Begabung und Denkfähigkeit halten will, um zu Gott zu gehen, nicht sehr spirituell ist. Denn es gibt einige, die meinen, mit der reinen Kraft und Tätigkeit der Fähigkeiten, dic doch von sich aus niedrig und nichts weiter als natürlich sind, könne man zur Kraft und Höhe des die Natur übersteigenden Geistes kommen und gelangen. Man erreicht diesen aber nur, wenn man die Körpersinne und ihre Tätigkeiten [den »alten Adam«] verleugnet und beiseite läßt. Etwas anderes ist es, wenn vom Geist eine Wirkung auf den Körper übergreift. Das geschieht am ehesten, wenn viel Geist da ist, wie wir es schon anläßlich der Wunden erklärten, die von der inneren Kraft nach außen gesandt werden. So war es auch beim heiligen Paulus, dessen starkes seelisches Nachempfinden der Schmerzen Christi sich ihm

auch körperlich niederschlug, wie er denn den Galatern zu verstehen gab: »An meinem Leibe trage ich die Wunden meines Herrn Jesus Christus« (Gal 6,17).

15. Über die Wunde und das Verbrennen ist nun genug gesagt. Wenn sie so sind, wie wir es schilderten, wie wird dann erst die Hand sein, die den Brand lenkt, und wie ihre Berührung? Die Seele zeigt das im folgenden Vers, aber mehr rühmend als erklärend, wenn sie sagt:

O milde Hand! O zarte Berührung

16. Diese Hand ist, wir sagten es, der allmächtige und barmherzige Vater. Wir werden verstehen, daß eine ebenso großzügig schenkende wie reiche und mächtige Hand, wenn sie sich öffnet, um der Seele Gnade zu erweisen, ihr auch reiche und wirksamen Gaben gibt. Darum nennt sie die Hand »milde«, als wolle sie sagen: O mir so milde Hand, um so milder, als du mit nur leichtem Auflegen die ganze Welt untergehen lassen könntest, denn schon ein göttlicher Blick macht die Erde erbeben (Ps 104, 32). Dann fallen die Völker in Ohnmacht und sinken die Berge zusammen (Hab 3,6). O du wiederum große Hand, hart und streng für Hiob, den du recht rauh anpacktest, während du dich mir ebenso sanft und freundlich zeigst, wie du ihn deine Härte fühlen ließest. Wie über alles gnadenreich, wie sanft und freundlich berührst du mich im Innern! Denn »du bist es, der tötet und der lebendig macht, und niemand kann deiner Hand entfliehen« (Dtn 32, 39). Doch immer, o göttliches Leben, tötest du nur, um Leben zu geben, so wie du auch stets nur verwundest, um zu heilen. Wenn du

strafst, genügt eine leichte Berührung, und die Welt vergeht. Willst du aber belohnen, läßt du dich behutsam nieder, und dein inniges Beschenken kennt keine Zahl! Du hast mich verwundet, o göttliche Hand, um mich zu heilen, du tötetest in mir, was tot war, das heißt vom Leben Gottes fern, an dem ich jetzt teilhabe. Und du tatest dies in der Freiheit deiner großmütigen Gnade, die du mir erweist im Berührtsein vom Glanz deiner Herrlichkeit und vom Abbild deines Wesens (Hebr 1,3), deinem eingeborenen Sohn. Mit ihm, deiner Weisheit, berührst du das Weltall von einem Ende zum andern (Weish 8,1). Und dieser dein eingeborener Sohn ist es, o *zarte Berührung*, mit dem du mich trafst und verwundetest in der Kraft deines Brennens.

17. O du also, *zarte Berührung*, du Wort und Sohn Gottes, die du in der Zartheit deines göttlichen Seins meinen innersten Wesensgrund fein und völlig durchdringst und im zarten Berühren ganz aufgehen läßt in Beseligungen und Lieblichkeiten göttlicher Art, »wie man sie niemals in Kanaan vernahm noch sah in Teman« (Bar 3,22). O du zarte, mir in großer Weise so überaus zart erscheinende Berührung des Wortes, zumal wenn ich bedenke, wie du am Horeb Berge stürztest und Felsen spaltetest allein mit der dir vorauseilenden Macht und Gewalt deines Schattens! Und wie sanft und doch stärker als dieses alles du den Propheten [Elija] dich dann finden ließest im linden Wehen des Lüftchens (1 Kön 19,11-12). O lindes Lüftchen, das du so sanft bist und so zart, sag mir: Wie kannst du so sanft und zart berühren, da du doch gewaltig und furchtbar bist? O selig und überselig die Seele, die du sanft und

lind berühren willst in all deiner furchtbaren Macht! Sag das der Welt! Oder nein, sag es ihr nicht, denn sie weiß nichts vom sanften Wehen und wird dich nicht hören, »denn sie vermag dich weder aufzunehmen noch zu erkennen« (Joh 14, 17). Nur jene, o du mein Gott und mein Leben, spüren und erkennen deine feine Berührung, die sich der Welt entfremdeten und sich in feinere Bereiche begaben, denn nur das Feine harmoniert mit dem Feinen, und nur so können sie dich erfahren und sich deiner erfreuen. Du berührst sie um so feiner, als sie schon im tiefsten Wesen gereinigt und glänzend und frei sind, fremd dem Nur- Kreatürlichen, fern seiner Spur und Berührung. Dann bist du in der Seele verborgen, denn du hast Wohnung in ihr genommen. Und damit »verbirgst du sie im Schutze deines Angesichts«, nämlich im Wort, »vor dem Aufruhr der Menschen« (Ps 31,21).

18. O noch einmal und immer wieder, du *zarte Berührung!* Je zarter, um so mächtiger, denn mit der Macht deiner zärtlichen Zartheit entbindest und löst du die Seele von allem übrigen Berührtsein durch Geschaffenes, machst sie dir zu eigen und einst sie mit dir. So fein sind in ihr die Wirkung und der Nachklang, daß ihr nun jede andere Berührung durch Niederes oder Hohes so grob und unpassend erscheint, daß schon der bloße Gedanke daran sie verletzt. Ja, es wäre ihr Pein und Qual, damit umgehen und in Kontakt kommen zu müssen!

19. Man muß hier folgendes verstehen: Je größer und wirkmächtiger etwas ist, um so feiner ist es in sich, und je zarter

und durchdringender verteilt, um so mehr breitet es sich aus und teilt es sich mit. Das WORT ist unendlich zart und durchdringend, seine Berührung berührt die Seele. Die Seele selbst ist durch die Feinheit und Läuterung auf dieser Stufe zum großen und aufnahmefähigen Gefäß geworden. So heißt es also: *o zarte Berührung!* Denn um so reicher und mächtiger durchströmst du meine Seele, als du wesenhafter wirst und meine Seele reiner.

20. Hier muß man verstehen: je zarter und durchdringender die Berührung ist und je mehr Beseligung und Beschenktsein von ihrem Anrühren ausgehen, um so weniger bemerkbar sind ihre Kontur und ihre Dichte. Diese göttliche Berührung hat weder Kontur noch Dichte, weil sie durch das WORT geschieht, das jeglicher Art und Weise fern ist, frei von allem Körperhaften und dessen Bestimmungen, wie sie sonst ein Wesen zu umschließen und zu begrenzen pflegen. Und darum ist die hier erwähnte Berührung, so weit sie wesenhaft, nämlich göttlichen Wesens ist, ganz unaussprechlich.
Oh! so muß man schließlich sagen, o unausprechlich *zarte Berührung* durch dich, das WORT, nichts Geringeres erfährt ja die Seele als dein höchst schlichtes und einfaches Sein, das als unendliches unendlich zart ist und das folglich so fein, so liebevoll und unübertrefflich und zart berührt, daß es

Nach ewigem Leben schmeckt

21. Denn wenn auch noch nicht vollkommen, gibt es doch wirklich, wie oben gesagt, einen gewissen Geschmack ewigen Lebens, den man in dieser Gottesberührung erfährt. Und es

ist keineswegs unglaublich, wenn man glaubt, wie man glauben sollte, daß diese Berührung eine wesenhafte ist, nämlich Gottes Wesen anwesend im Seelengrund[6], zu welcher Erfahrung in diesem Leben viele Heilige gelangt sind.

Darum ist es unmöglich, über die Innigkeit des Glücks, das man bei dieser Berührung empfindet, etwas zu sagen, ja, ich möchte gar nicht erst versuchen, davon zu sprechen, denn es gibt keine Worte, um so ungewöhnliche Dinge Gottes zu erklären. Was hier in den Seelen geschieht, spricht für sich selbst, und es heißt für den, dem es zuteil wird, es zu erfahren, zu genießen und darüber zu schweigen. Das gleicht, so erkennt hier die Seele, in gewisser Weise dem weißen Stein, von dem der heilige Johannes sagt, daß man ihn »dem Sieger geben werde, und auf dem Stein steht ein Name geschrieben, den nur der kennt, der ihn empfängt« (Off 2,17).

In diesem Sinne nur kann man wahrlich sagen: *die nach ewigem Leben schmeckt*. Denn wenn man auch in diesem Leben das alles nicht so genießt wie in der Ewigkeit, gibt doch diese Berührung als ein Angerührtsein von Gott den Vorgeschmack ewigen Lebens. So erfährt hier die Seele schon von allem, was Gottes ist: seine Kraft teilt sich ihr mit, seine Weisheit und Liebe, seine Schönheit, Gnade und Gutheit, usw. Denn weil Gott dieses alles ist, erfährt es die Seele in einer einzigen Gottesberührung, so daß

6 Der Seelengrund (sustancia) ist ein Begriff, den Juan von der rheinisch-flämischen Mystik, vor allem Tauler, übernommen hat. Doch kannte er den von ihm besonders geschätzten Tauler nur aus Anthologien, die diesem auch Texte von Meister Eckhart unterschoben. Vgl. Jean Orcibal, Saint Jean de la Croix et les mystiques rhéno-flamands, Desclée de Brower, Paris 1966; spanisch Madrid 1987.

sie es ihren Fähigkeiten und ihrer Innerlichkeit [sustancia] entsprechend genießt.

22. Manchmal fließt von der Salbung des Heiligen Geistes, die der Seele zuteil wird, etwas auf den Leib über, und die ganze Sinnenhaftigkeit genießt es, alle Glieder und Knochen und das Knochenmark. Und das geschieht nicht so abgeschwächt wie üblich, sondern mit dem Gefühl großer Herrlichkeit und Beseligung, das bis in die Zehen und Fingerspitzen reicht. Und so groß ist die aus er Seele kommende Glückseligkeit des Leibes, daß er auf seine Art Gott, den er bis in die Knochen spürt, verherrlicht, indem er wie David spricht: »Alle meine Knochen sagen: Gott, was ist dir gleich?« (Ps 35,10).

Und weil alles, was man darüber sagen könnte, nicht ausreicht, möge hier das Wort genügen, das körperlich ebenso gilt wie geistig: *Die nach ewigem Leben schmeckt,*

Und alles Geschuldete vergilt[7]

23. Das sagt die Seele, weil sie im Geschmack ewigen Lebens, den sie hier verkostet, eine Wiedergutmachung der Mühsal verspürt, die sie durchlebte, um in den gegenwärtigen Zustand zu kommen. Sie sieht sich nun nicht nur vergolten und ganz zufriedengestellt, sondern über alle Maßen belohnt, so daß sie gut das Versprechen des Bräutigams im Evangelium

7 Der spanische Ausdruck »Y toda deuda paga« (wörtlich: alle Schuld bezahlt), ist einerseits stark, andererseits mißverständlich. Es geht hier nämlich nicht um Christi Sühnetod, sondern um Gottes »Verschuldung« beim sich um ihn mühenden Menschen.

versteht, er wolle hundert zu eins geben (Mt 19,29). Demzufolge gibt es keinen Kummer, keine Versuchung, keine Buße noch sonst irgendeine durchlittene Mühsal, die ihr nicht hundertfach kompensiert würde durch Freude und Glück in diesem Leben [dieser Vorwegnahme ewigen Lebens], so daß sie sehr gut sagen kann: *Und alles Geschuldete vergilt.*

24. Um aber zu wissen, welche Arten von Geschuldetem der Seele hier vergolten werden, muß man sich klarmachen, daß normalerweise keine Seele diese hohe Stufe und dieses Königreich der Brautschaft erlangen kann, wenn sie nicht zuvor durch viele Bedrängnisse und Leiden ging. Denn es steht ja in der Apostelgeschichte: »Durch viele Drangsale müssen wir in das Reich Gottes gelangen« (Apg 14, 22). Diese sind allerdings auf dieser Stufe schon überwunden, denn weil die Seele geläutert ist, leidet sie von nun an nicht mehr.

25. Die Leiden jener, die dahin gelangen wollen, sind von dreierlei Art, nämlich: Mühsal und Trostlosigkeit, Ängste und Versuchungen seitens der Welt, und zwar auf vielerlei Weisen; Trockenheiten, Betrübnisse und Versuchungen durch die Sinne; Kummer, Finsternis, Bedrängnis, Verlassenheit; Versuchungen und andere Prüfungen des Geistes, denn so werden sowohl die Sinne als auch der Geist geläutert, wie wir schon in der Erklärung zum vierten Vers der ersten Strophe sagten. Und die Begründung, warum alle diese Leiden und Mühen notwendig sind, um zu diesem Stand zu gelangen, ist nicht anders als bei einer wertvollen Flüssigkeit, die man nur in einem festen, gereinigten und vorbereiteten Gefäß aufbewahrt.

So kann auch diese höchste Vereinigung der Seele nicht zufallen, wenn sie nicht stark wurde in Mühsal und Versuchung, nicht gereinigt durch Kummer, Finsternis und Nöte. Denn durch das eine reinigt und stärkt man die Sinnenhaftigkeit, durch das andere läutert und reinigt und bereitet man den Geist. Schließlich müssen ja auch die unreinen Geister durch das Fegfeuer, um in das ewige Leben zu kommen und sich in der Herrlichkeit mit Gott zu vereinen. Soll darum die Einung schon in diesem irdischen Leben stattfinden, muß man durch das Feuer der genannte Leiden gehen. In einigen brennt es mehr, in anderen weniger, in einigen länger, in anderen kürzer, immer entsprechend dem Grade der Einung, zu der Gott die Seelen erheben will, und wieviel in ihnen zu reinigen ist.

26. Durch diese Prüfungen, die Gott der Seele und ihren natürlichen Fähigkeiten auferlegt, gewinnt sie allmählich, auch wenn es ihr bitter ist, Tugenden, Stärke und Vollkommenheit. »Denn die innere Kraft vollendet sich in der Schwachheit« (2 Kor 12,9) und wird erarbeitet in der Übung des Leidens. Kann doch das Eisen nicht dienlich sein und sich der Absicht des Schmiedes anpassen, wenn nicht durch Feuer und Hammer, so wie denn auch Jeremia vom Feuer berichtet, das Gott ihm ins Verstehen legte: »Er sandte Feuer in mein Gebein und unterwies mich« (Klgl 1,13). Und vom Hammer sagt er: »Du straftest mich, Herr, und ich war belehrt« (Jer 31,18). Weshalb auch der Ecclesiasticus fragt: »Der nicht geprüft wurde, was kann er wissen?« und antwortet: »Wenig weiß der Ungeprüfte« (Sir 34,9-11).

27. Hier müssen wir nun einmal den Grund darlegen, weshalb so wenige zur hohen Vollkommenheit der Gotteinung gelangen. Es verhält sich nämlich nicht so, daß Gott nur wenige so ausgezeichnet wünschte, im Gegenteil, lieber sähe er alle vollkommen. Aber er findet wenige Gefäße, die eine so hochwertige und anspruchsvolle Bearbeitung aushalten. Denn schon in geringen Prüfungen findet er sie schwach. Sie fliehen sogleich seine Bearbeitung, indem sie sich nicht den kleinsten Mißhelligkeiten und Verzichtsleistungen stellen wollen. Wenn Gott sie nun aber schon zu Beginn seiner gnadenvollen Absicht, mit der er sie hobeln und glätten wollte, nicht stark und treu findet, muß er einsehen, daß sie es noch weniger wären, wollte er sie mehr prüfen. Darum setzt er sein Läuterungs- und Verzichtswerk, mit dem er sie vom Staub der Erde erheben wollte, an ihnen nicht fort, denn es würde mehr Stärke und Durchhaltevermögen erfordern, als sie beweisen.

So gibt es denn viele, die vorankommen möchten und Gott unablässig bitten, sie doch zum Stande der Vollkommenheit zu führen. Sobald aber Gott beginnen will, sie durch die ersten notwendigen Prüfungen und Entbehrungen zu erheben, wollen sie da nicht hindurch und weichen aus. Sie fliehen den schmalen Pfad des Lebens und wählen den breiten Weg ihrer Bequemlichkeit, der ins Verderben führt (Mt 7, 14 und 13). Und so geben sie Gott keine Chance, ihnen das Erbetene zu schenken, wenn er damit beginnen will. Sie bleiben demnach unnütze Gefäße, die zwar zur Vollkommenheit gelangen wollen, aber nicht auf dem Weg der Prüfungen. Nicht einmal die ersten Schritte wollen sie tun, indem sie das ganz gewöhnliche Maß an Leiden auf sich zu nehmen bereit wären.

Man muß ihnen mit Jeremia vorhalten: »Wenn schon der Wettlauf mit Fußgängern dich ermüdet, wie willst du es mit Pferden aufnehmen? Und wenn du auf Ruhe dringst im Lande des Friedens, was wirst du tun im stolzen Aufwallen des Jordan?« (Jer 12,5). Damit ist gemeint: Wenn dir selbst ganz gewöhnliche Unannehmlichkeiten, wie sie allen Menschen widerfahren, zu viel sind, weil dir schon kleine Schritte so anstrengend wie Laufen erscheinen, wie willst du dann Schritt halten mit den Pferden, das heißt, mit Leiden, die das Übliche überschreiten, damit du mehr als menschliche Kraft und Leichtigkeit gewinnst? Und wenn du dem Frieden und Wohlgefallen in deinem Lande, das heißt, in deiner Sinnlichkeit, nicht den Krieg erklären oder auch nur im geringsten entgegentreten magst, wie willst du dann viel tiefer im Innern die gewaltigen Wasser der geistigen Prüfungen und Leiden bestehen?

28. O Seelen, die ihr im Geistigen froh und sicher sein wollt: wüßtet ihr doch, wie sehr ihr, um zu dieser Sicherheit und Erleichterung zu gelangen, lernen müßt, Leiden zu ertragen! Ohne dieses kann sich der Wunsch der Seele nicht erfüllen, und statt voranzukommen, fiele man zurück. Sucht also keine Erleichterung, weder bei Gott noch bei den Geschöpfen! Sucht lieber das Kreuz, und wünscht am Kreuz reinen Essig und Galle zu trinken, und ihr werdet zu großem Glück gelangen. Ihr werdet sehen, wie ihr, der Welt und eurem Ego abgestorben, mit Gott leben könnt in der Beseligung des Geistes. Wenn ihr geduldig und treu das bißchen an äußeren Leiden ertragt, habt ihr verdient, daß Gott die Augen auf euch richtet, um euch durch geistige Prüfungen im Innern zu reinigen und

zu läutern, ganz tief im Innern, um euch tiefinnere Gaben zu schenken.

Um aber so von Gott durch tiefinnere Prüfungen ausgezeichnet zu werden, bedarf es vieler Dienste und großer Geduld und Standhaftigkeit, ein von ihm Angenommensein in Leben und Werk. Alles mit dem Ziel, daß Gott es ihnen mit reichen Gaben vergelten will, so wie wir es vom heiligen Tobias lesen, dem der Engel Raphael sagte, weil er Gott angenehm sei, habe dieser ihm gnädig die Prüfung gesandt, um ihn nach dieser weiteren Probe noch mehr zu beschenken (Vulg Tob 12,13). So daß sich ihm nach dieser Erprobung alles in Freude verwandelte, wie die Heilige Schrift berichtet (Tob 14,4). Das Gleiche sehen wir auch bei Hiob: Da er hinnahm, daß Gott seine Werke guthieß im Beisein guter und böser Geister, erwies Gott ihm die Gnade jener harten Prüfungen, um ihn hernach noch viel reicher zu segnen, so daß er ihm die zeitlichen und die überzeitlichen Güter vermehrte (vgl. Ijob 1; 2 und 42,12).

29. So verfährt Gott mit allen, die er zu höchstem Range erheben will. Er läßt sie erproben, läßt ihre Versuchung zu, um sie so hoch zu erheben, wie es nur möglich ist, nämlich zur Einung mit der göttlichen Weisheit [dem Gottessohn], die, wie David es ausdrückt, »im Feuer geläutertes Silber« ist und »auf Erden«, das heißt in unserem Fleische, »siebenfach geprüft«, was ein Äußerstes an Reinheit bedeutet (vgl. Ps 12,7).

Wir müssen uns hier nicht weiter mit der Erklärung aufhalten, um was es sich bei den sieben Läuterungen im einzelnen handelt und wie man durch sie jeweils der göttlichen Weisheit näherkommt. Auch nicht, wie ihnen die sieben Grade der Liebe entsprechen. Das alles ist der Seele in diesem Leben noch Silber, wie es David erwähnte, so weit sie auch schon in der Gotteinung gekommen sein mag. Erst im ewigen Leben wird es Gold für sie sein.

30. Es ist also gut für die Seele, wenn sie große Geduld und Standhaftigkeit zeigt in allen Prüfungen und Leiden, die Gott ihr auferlegt, seien es nun äußere oder innere, geistige oder körperliche, größere oder kleinere. Sie muß alles aus seiner Hand als zu ihrem besten dienend wie eine Arznei nehmen und nicht die Flucht ergreifen, denn es bedeutet Heilung für sie, wenn sie den Rat des Weisen befolgt, der sagte: »Wenn der Geist des Mächtigen über dich kommt, bleib an deinem Platz.« Denn es ist der Ort und die Stelle deiner Prüfung, es ist deine dir gesandte Erprobung im Leiden. Und diese »Kur«, so wird gesagt, »macht großen Sünden ein Ende« (Koh 10,4). Das heißt, deine Sünden und Unvollkommenheiten, die aus deiner fehlerhaften Prägung[8] hervorgehen, werden an der Wurzel gepackt. Denn das Ringen mit den Leiden, Nöten und Versuchungen tilgt schlechte und mangelhafte Prägung und reinigt und stärkt die Seele. Sie wird es darum hoch zu schätzen wissen, daß Gott ihr innere und äußere Prüfungen schickt, wenn sie versteht, daß nur wenige gewürdigt sind, durch Leiden vollendet zu werden, denn sie leiden für das Höchste, was einem Menschen erreichbar ist.

8 »hábitos malos« – das Gemeinte reicht tiefer als »schlechte Gewohnheiten«. Der psychologisch hellsichtige Juan kennt die tiefe Verwurzelung des Unbewußten und »Erbsündigen«.

31. Um nun wieder zu unserer Erklärung zurückzukehren: Die Seele hat erkannt, wie ihr alles zum Heil gereichte und daß »die Nacht leuchtet wie der Tag« (Ps 139,12). Und wie ihr zuvor Leiden zuteil wurden, hat sie nun Anteil am Königreich Gottes und seinen Freuden. Die inneren und äußeren Prüfungen sind ihr reich vergolten durch göttliche Gaben für Geist und Leib, es gibt kein Leiden und keine Mühsal, denen nicht ein großer Lohn entspräche. Und so bekennt die Seele ihre schon große Genugtuung, indem sie sagt: *Und alles Geschuldete vergilt.* Mit diesem Vers dankt sie Gott, so wie es auch David mit dem seinen tat, indem er sagte, als Gott ihn von den Prüfungsleiden befreit hatte: »Wieviel Angst und Not hast du mich erfahren lassen, aber von all dem machtest du mich frei und zogst mich wieder empor aus den Abgründen der Erde. Du vervielfachtest deine Großmut, kehrtest dich mir zu und machtest alles wieder gut« (Ps 71,20-21).
Und so ergeht es denn dieser Seele wie dem Mordechai in Susa: Sie war bisher ausgeschlossen wie er, der er vor den Toren des königlichen Palastes die Plätze mit seinem Klagegeschrei erfüllte, weil er sein Leben bedroht sah (Est 4,1). In ein härenes Bußhemd gehüllt, wies er die Gewänder zurück, die Königin Esther [seine Verwandte] ihm sandte. Er hatte vom König noch keinerlei Lohn für seine Dienste empfangen, nichts für seine Treue, mit der er doch des Königs Leben und Ehre geschützt hatte (vgl. Est 2; 6). Dann aber, wie Mordechai, erhält die Seele an einem einzigen Tag den ganzen Lohn für alle Mühen und Dienste. Nun läßt man sie nicht nur in den Palast ein und führt sie in königlichen Gewändern zum König, sondern sie erhält auch Krone und Szepter und Thron zusammen mit dem Ehering des Königs, damit sie im Reich ihres

Gemahls tun könne, was sie wolle, und lassen, was sie nicht wolle. Denn Seelen, die zu solchem Rang gelangen, erreichen alles, was sie wollen. Damit ist ihr nicht nur der Lohn gezahlt, sondern sind auch alle ihre Feinde getötet[9], nämlich die unvollkommenen Begehrlichkeiten, die ihr das geistliche Leben raubten, das sie jetzt mit allen ihren Fähigkeiten und Wünschen leben kann. Und darum sagt sie nun:

Du verwandelst tötend Tod in Leben

32. Denn der Tod ist nichts anderes als Beraubung des Lebens, so daß, wenn das Leben kommt, keine Spur von Tod zurückbleibt. Was nun das Spirituelle betrifft, so gibt es zwei Arten von Leben: Die eine ist die ewige Seligkeit, die in der Gottesschau besteht. Man kann sie nur durch den leiblichen und natürlichen Tod erlangen, wie es der heilige Paulus formulierte, als er sagte: »Wir wissen, daß, wenn unser irdisches Haus zerfällt, wir eine Wohnung bei Gott im Himmel haben« (2 Kor 5,1). Die andere Art ist vollkommenes geistliches Leben als Besitz Gottes in der Einung der Liebe. Dieses erlangt man durch Ausmerzung aller Laster und Begierden und durch totale Selbstüberwindung. Solange man das nicht verwirklicht hat, kann man nicht zur Vollkommenheit des geistlichen Lebens in der Gotteinung gelangen, wie es denn auch der Apostel mit diesen Worten ausdrückt: »Wenn ihr

9 Juan ist hier ein Fehler unterlaufen, der sich in der ersten Fassung seiner »Llama« nicht findet. Er sagt jetzt nämlich wörtlich, Mordechai habe »seine Feinde, die Juden, getötet«. Mordechai ist aber ein Jude, der eine Verschwörung zur Ausrottung der Juden unter dem Perserkönig Artaxerxes entdeckte und verhinderte. (Vgl. Est 3).

nach dem Fleische lebt, werdet ihr sterben. Wenn ihr aber durch den Geist dem Tun des Fleisches ein Ende macht, werdet ihr leben« (Röm 8,13).

33. Man muß dabei bedenken, daß das, was die Seele hier als »Tod« bezeichnet, der ganze alte Mensch mit dem rein natürlichen Gebrauch seiner Fähigkeiten ist: Also Verstand, Wille und Gedächtnis, verstrickt in die Welt und das Begehren kreatürlicher Freuden. Alles das ist Verwirklichung des »alten« Lebens und Tod des »neuen« im Heiligen Geiste. In ihm kann die Seele erst uneingeschränkt leben, wenn der »alte« Mensch ganz und gar »gestorben« ist. Wie denn auch der Apostel mahnt, daß wir »den alten Menschen ablegen und den neuen anziehen sollen, der nach Gottes Willen in Gerechtigkeit und Heiligkeit erschaffen ist« (Eph 4,22-24). In diesem neuen Leben, in diesem Erreichen der vollkommenen Gotteinung, von der wir hier sprechen, verwandeln sich alle Fähigkeiten und Neigungen der Seele, die von sich aus Tod und Beraubung des geistlichen Lebens erwirkten, ins Göttliche.

34. Und wenn es so ist, daß jedes Lebewesen, wie die Philosophen sagen, durch sein Wirken lebt, dann lebt die Seele, die durch die Gotteinung alles in Gott wirkt, Gottes Leben und hat ihren *Tod in Leben gewandelt*, ihr natürliches Leben in ein Leben im Heiligen Geiste.
So wird denn ihr Verstand, der vor dieser Einung durch sein natürliches Licht und auf dem Wege über die Sinne erkannte, nun bewegt und geleitet vom höheren Prinzip des übernatürlichen Lichtes Gottes, wobei die Sinne keine Rolle mehr

spielen, denn durch die Einung sind der Verstand der Seele und der Gottes gänzlich eines.
Und der Wille, der zuvor in niederer und sterblicher Weise mit seinem natürlichen Gefühl liebte, ist verwandelt in das Leben göttlicher Liebe, denn er liebt nun in höchster Weise mit göttlichem Fühlen, bewegt von der Kraft und Fähigkeit des Heiligen Geistes, in dem er bereits in Liebe lebt. Denn durch die Gotteinung sind der Wille des Heiligen Geistes und der Wille der Seele ein einziger Wille.
Und das Gedächtnis, das von sich aus nur die Gestalten und Bilder der Geschöpfe wahrnahm, ist durch diese Einung so verwandelt, daß es im Innern die Jahre der Ewigkeit trägt, von denen David spricht (Ps 77,6). Das naturhafte Begehren, dessen Fähigkeit und Stärke sich nur kreatürlicher Reize zu erfreuen vemochte, was letztlich Tod mit sich brachte, wird jetzt erfreut und bewegt durch ein anderes Prinzip, das es als Leben der Seligkeit empfindet und in dem, weil aus der Einung hervorgehend, nur noch Gott allein begehrt wird.
Kurz, alle Antriebe, Tätigkeiten und Neigungen, die die Seele bisher aus der Kraft des natürlichen Lebensprinzips erhielt, sind nun in dieser Einung verwandelt in göttliche Antriebe, tot für das eigene Wirken und Wünschen, aber lebendig für Gott. Denn die Seele, jetzt wahre Tochter Gottes, wird in allem von seinem Geist bewegt, wie es der heilige Paulus lehrte, als er sagte, daß alle Kinder Gottes sind, die sich vom Geiste Gottes lenken lassen (Röm 8,14).

Nach dem hier Dargelegten ist also der Verstand dieser Seele Gottes Verstand, ihr Wille Gottes Wille, ihr Gedächtnis Gottes

Gedächtnis. Und ihre Seligkeit ist die Seligkeit Gottes. Ihr Wesensgrund zwar ist nicht der Wesensgrund Gottes, denn sie kann sich nicht wesenhaft in ihn umwandeln, doch ist sie, ihm geeint und in ihn versenkt, Gott durch Teilhabe. Das geschieht in der Vollkommenheit des irdischen Lebens, wenn auch nicht so vollendet wie im ewigen. Und so ist die Seele allem gestorben, was sie für sich allein war und was für sie den Tod bedeutete, aber lebendig für das, was Gott in sich selber ist. Darum sagt sie, als sie von sich spricht, sehr richtig den Vers: *Du verwandelst tötend Tod in Leben!* Und so kann die Seele auch gut mit dem heiligen Paulus sagen: »Ich lebe, aber nicht ich, sondern Christus lebt in mir« (Gal 2,20). Denn nun ist der Tod dieser Seele in Christi Leben verwandelt, und es paßt auch zu ihr das folgende Wort des Apostels: »Absorpta est mors in victoria«, »Verschlungen ist der Tod in den Sieg« (1 Kor 15,54). Ebenso das, was Gott beim Propheten Hosea spricht: »O Tod, dein Tod werde ich sein« (Hos 13,14). Das ist, als würde er sagen: Weil ich, der ich das Leben bin, dem Tode Tod bringe, wird der Tod verschlungen vom Leben.

35. Auf diese Weise ist die Seele versenkt in göttliches Leben, allem Weltlichen entfremdet, sei es bezüglich des Zeitlichen oder des natürlichen Begehrens. »Geführt in die Gemächer des Königs«, wo sie sich lustvoll ihres Geliebten erfreut, »wo sie seine Brüste[10] höher schätzt als den Wein« und sagt:

10 Im Hohenlied der Vulgata heißt es »uberum«, ein klares Wort für weibliche Brüste, das im übertragenen Sinne auf Reichtum und Fülle deutet. Juan zeigt in der »Lebendigen Flamme« wie im Gesamtwerk Gott gern in einer mütterlichen Rolle.

»Braun bin ich, doch schön, ihr Töchter Jerusalems« (Hld 1,2-5), denn meine natürliche Schwärze verwandelte sich in Schönheit des himmlischen Königs!

36. Mit diesem Erreichen so vollkommenen Lebens fühlt sich die Seele innerlich und äußerlich wie auf einem Fest, und sie hat immer wieder einen großen Gottesjubel im Munde ihres Geistes, ein neues, ein immer neues Lied, das enthalten ist in ihrer Freude, ihrer Liebe und Erkenntnis des glückseligen Standes.

Manchmal spricht sie in ihrer Lust und Fröhlichkeit wie Hiob: »Meine Herrlichkeit erneuert sich ewig, und wie der Palmbaum werde ich meine Tage vervielfachen« (Ijob 29, 20 und 18). Das bedeutet: »Gott, der sich immer gleichbleibt, erneuert alles«, wie der Weise sagt (Weish 7,27). Und da ich ihm in meiner Herrlichkeit für immer geeint bin, erneuert er meine Seligkeit ständig, das heißt, er läßt sie nicht altern, wie es früher geschah. Und er vervielfacht die Tage gleich dem Palmbaum, ich meine, er hebt meine Verdienste in den Himmel, gleichwic dic Palmc ihre Fächer emporreckt.

Denn die Verdienste der Seele sind in diesem Stande natürlich groß an Quantität wie an Qualität, und so singt sie denn auch in ihrem Geiste für Gott alles das, was David in seinem Psalm sagte, der anhebt: »Exaltabo te, domine, quoniam suscepisti me«, »Ich will dich rühmen, Herr, denn du hast mich aufgenommen«, besonders aber die beiden letzten Verse, die sagen: »Convertisti planctum meum in gaudium mihi; conscidisti saccum meum, et circumdedisti me laetitia«: »Du hast mir meine Klagen in Jubel verwandelt, hast mir das Trauerkleid ausgezogen und mich mit Freude umgürtet. Auf daß meine

Seligkeit dir singe und nicht verstumme, werde ich dich preisen, mein Herrgott, in alle Ewigkeit« (Ps 30,12-13).

Und es ist nicht zu verwundern, daß die Seele so häufig in Lust und Freude, Jubel und Gotteslob einhergeht, denn, über ihr Bewußtsein der empfangenen Gnaden hinaus, erfährt sie hier Gott als liebevoll bemüht, sie mit zarten, innigen und kostbaren Worten so glücklich zu machen und sie mit diesen oder jenen Gnaden zu beseligen, daß es der Seele scheint, er habe zum Beschenken und Liebe-Erweisen sonst niemanden auf der Welt als sie allein. Und aus diesem Gefühl heraus bekennt sie mit der Braut des Hohenliedes: »Mein Geliebter ist mein und ich bin sein!« (Hld 2,16).

Erklärung der dritten Strophe
Erfahrungen und Wirkungen der Unio mystica

O Feuerleuchten,
In deren Glanz
Die tiefen Höhlen des Sinnes,
Der dunkel war und blind,
Mit wundersamer Vollendung
Ihrem Geliebten vereint Glut und Licht schenken.

1. Wolle hier nun Gott seine Gunst erweisen, die gewiß sehr notwendig sein wird, um die Tiefe dieser Strophe zu erklären. Und wer dieses lesen will, der sei gewarnt, denn falls er keine Erfahrung besitzt, wird ihm manches vielleicht dunkel und umständlich vorkommen. Andererseits, wenn er sie hat, könnte es ihm möglicherweise klar erscheinen und ihm gefallen.
In dieser Strophe preist die Seele ihren Bräutigam und dankt ihm für die großen Gnaden, die sie in der Einung von ihm empfängt. Sie spricht aus dieser Erfahrung heraus von den großen und häufigen Mitteilungen der Liebe, durch die ihre inneren Vermögen, also ihr »Sinn«, der vor dieser Einung *dunkel war und blind*, nun von Liebe erhellt und durchglüht wird, so daß sie jetzt Licht und Liebe dem geben kann, der sie erleuchtete und in Liebe entbrennen ließ. Denn der wahrhaft Liebende ist nur glücklich, wenn er alles, was er ist, was er hat und erhält, dem Geliebten weihen kann, und je mehr, desto besser. Darüber freut sich hier die Seele, denn von dem Glanz und der Liebe, die sie empfängt, kann sie nun selbst vor ihrem Geliebten erglänzen und ihn lieben.
Es folgt der Vers:

O Feuerleuchten

2. Was diesen Vers angeht, muß man sich überlegen, daß die Leuchten zwei Eigenschaften haben: sie geben Licht und geben Glut. Und um zu verstehen, was hier die Seele als *Leuchten* bezeichnet und wie sie in ihr leuchten, brennen und Wärme ausstrahlen, ist folgendes zu bedenken: Gott besitzt in seinem einen und einfachen Sein all die Herrlichkeit und Größe seiner Attribute, er ist also allmächtig, weise, gut, barmherzig, er ist gerecht, stark, liebevoll, usw. Und da er alles dieses ist in seinem einen und einfachen Sein, wird er, wenn er mit ihr vereint ist, ihr Verstehen öffnen und sie diese Eigenschaften in ihrer Verschiedenheit wahrnehmen lassen, nämlich seine Allmacht, Weisheit, Gutheit, Barmherzigkeit, usw. Da nun aber jede dieser Eigenschaften zugleich dem Sein Gottes zukommt in seinem einen einzigen Wesen, sei es als Vater oder als Sohn oder als Heiliger Geist, ist auch eine jede Gott selbst. Und da Gott, wie schon zuvor gesagt, unendliches Licht ist und unendliches göttliches Feuer, geschieht es, daß in jedem dieser zahllosen Attribute Gottes Licht leuchtet und Gottes Glut wärmt. Darum ist jedes dieser Attribute eine Leuchte, die der Seele Licht und Liebesglut gibt.

3. Und weil die Seele in einem einzigen Akt der Einung Kenntnis dieser Attribute oder Eigenschaften erhält, bedeutet ihr der eine Gott viele Leuchten, die ihr jede für sich leuchten und Glut senden, denn sie nimmt jede gesondert wahr und wird von einer jeden in Liebe entflammt.
So liebt denn die von jeder einzelnen Leuchte und allen zusammen entflammte Seele in vorzüglicher Weise, denn alle diese Eigenschaften sind nur ein einziges Sein, wie wir schon sagten. Und alle Leuchten sind eine einzige Leuchte, die entsprechend ihren Vollkommenheiten und Eigenschaften wie

viele leuchtet und brennt. So daß die Seele in einem einzigen Wahrnehmungsakt in jeder einzelnen Leuchte und in allen zugleich liebt, wobei ihre Liebe in jeder und durch jede an Wert gewinnt, aber auch in allen und durch alle gemeinsam. Denn die Leuchte des göttlichen Seins strahlt Licht und Liebesglut der göttlichen Allmacht aus, weil Gott allmächtig ist. Sie ist der Seele also eine Leuchte der Allmacht, die ihr Wahrnehmung und Verständnis dieses Attributes vermittelt. Und die Leuchte des göttlichen Seins strahlt Licht und Liebesglut in die Seele, weil Gott weise ist. Ebenso schenkt die Leuchte der göttlichen Gutheit der Seele Licht und Liebesglut, weil Gott gut ist. Darum ist sie für die Seele eine Leuchte der Gutheit. Und nicht mehr und nicht weniger sind ihr die Leuchten der Gerechtigkeit, der Stärke, der Barmherzigkeit und alle die weiteren Eigenschaften, die sich ihr gemeinsam in Gott darstellen.

Das Licht aber, das sie von allen zusammen empfängt, übermittelt ihr die Liebesglut, mit der Gott selbst Gott liebt, denn er ist dieses alles. So, in dieser Mitteilung und Aussage, die Gott der Seele von sich gibt und die aus meiner Sicht das Höchste ist, was Gott ihr in diesem Leben gewähren kann, wird er für sie zu unzähligen Leuchten, die von ihm künden und Liebe erwecken.

4. Diese Leuchten sah Mose am Berge Sinaï, als Gott vorüberging und Mose sich zur Erde warf und mit lauter Stimme begann, einige zu benennen, indem er rief: »Kaiser, Herr, Gott, barmherzig, gnädig, langmütig, voll großen Erbarmens, wahrhaftig, der du Tausenden deine Huld bewahrst, der du hinwegnimmst die Sünden, Schlechtigkeiten und Missetaten,

und vor dem von sich aus niemand schuldlos ist !« (Vulg Ex 34, 6-7). Woraus man ersieht, daß für Mose die wichtigsten Eigenschaften und Vollkommenheiten, die er von Gott erkannte, Allmacht waren und Herrschaft, Göttlichkeit, Erbarmen, Gerechtigkeit, Wahrheit und Lauterkeit. Das war höchste Gotteserkenntnis. Und weil die Liebe dem Erkennen entspricht, war hier auch das Glück seiner Liebeserfahrung ein höchstes.

5. Denn es ist ja die Glückseligkeit, die von der Seele im Hingerissensein des Liebens vom Feuer und Licht dieser Leuchten empfangen wird, so wunderbar und unermeßlich, weil sie aus der Lichtfülle vieler Leuchten kommt. Und eine jede erglüht in Liebe, wobei eine Glut die andere schürt und eine Flamme die andere verstärkt, so wie auch das eine Licht das andere mehrt, denn in jeglicher Eigenschaft Gottes findet man auch die anderen. So werden denn alle zusammen ein einziges Licht und ein einziges Feuer, und doch ist jede für sich ein Licht und ein Feuer.
Hier sieht nun die Seele, grenzenlos in die Innigkeit der Flammen versenkt, von einer jeden zart in Liebe versehrt und von allen gemeinsam zutiefst berührt und bestärkt in der Liebe göttlichen Lebens, daß diese Liebe dem ewigen Leben entstammt, in dem alles Gute vereint ist. Das ist es etwa, was die Seele hier fühlt. Sie erkennt die Wahrheit des Wortes, das der Bräutigam im Hohenlied sprach, als er sagte, die Gluten der Liebe seien Gluten von Feuer und Flammen (Hld 8,6): »Schön bist du in den Spuren deiner Schritte und deiner Schuhe, Fürstentochter!« (Hld 7,2). Wer vermöchte von der Herrlichkeit und Einzigartigkeit des Glückes und der Majestät

im wunderbaren Glanz deiner Gottesleuchten und deiner Liebesglut zu künden?

6. Die Heilige Schrift erzählt, daß eine dieser Leuchten dereinst vor Abraham vorüberzog und ihn in finsteren Schrecken versetzte, denn es war das Licht des strengen Gerichts, das über die Kanaaniter verhängt war (Gen 15,12-17). Dir aber, o reich beschenkte Seele, leuchten freundlich und liebreich alle diese Feuer der Gottesbegegnung! Werden sie dir nicht um so mehr Licht und Liebesglück bescheren, als jene einzige Leuchte den Abraham in Schrecken und Finsternis versetzte? Und wie, wie sehr bist du begünstigt, wie vielfältig ist dein Glück, wenn du in allen von allen Liebe und Förderung empfängst, weil Gott sich entsprechend seinen Eigenschaften und Vollkommenheiten deinen inneren Vermögen mitteilt!

Denn wenn jemand liebt und dem anderen Gutes tun möchte, tut er dies und liebt ihn im Rahmen seiner persönlichen Bedingtheit und Wirklichkeit. So geht es auch mit deinem Bräutigam, den du im Innern trägst und der dir Gnaden erweist. Weil er allmächtig ist, tut er dir Gutes und liebt dich mit Allmacht; weil er weise ist, fühlst du, wie er dir Gutes tut und dich mit Weisheit liebt; und weil er unendlich gut ist, fühlst du, wie er dich mit Güte liebt; weil heilig, fühlst du, er liebt und begnadet dich mit Heiligkeit. Weil er gerecht ist, erkennst du, daß seine Liebe und seine Gnaden gerecht sind. Und weil er barmherzig ist, voller Huld und Milde, spürst du seine Barmherzigeit, seine Huld und seine Milde. Stark ist er, zart und innig in seinem Sein. Darum fühlst du, er liebt dich stark und zart und innig. Und weil er rein und lauter ist, fühlst du, wie rein und lauter er dich liebt. Weil er wahrhaftig ist, fühlst du, er liebt dich wahrhaft; und da er großmütig ist, fühlst du, wie großmütig und selbstlos er dich liebt, nur um dir Gutes zu tun. Als die Demut selbst aber liebt er dich mit höchster Gutheit und Wertschätzung, indem er dich mit sich gleichstellt, da er dich fröhlich auf allen diesen Wegen der Selbstmitteilung sein gnadenvolles Antlitz schauen läßt, und dir in seinem Dir-Geeintsein nicht ohne deinen großen Jubel sagt: Ich bin dein und gehöre dir, ich bin gern der, der ich bin, um dein zu sein und mich dir zu schenken!

7. Wer vermöchte zu sagen, was du nun empfindest, o glückliche Seele, da du dich so geliebt und mit solcher Wertschätzung beschenkt siehst? Dein Leib, das heißt, dein Wille, ist gleich dem der Braut im Hohenlied »ein Weizenhügel, von Lilien bedeckt und umgeben« (Hld 7,3), denn in diesen Körnern des Lebensbrotes, das du genießt, umgeben und erfreuen dich die Lilien der Vollkommenheiten. Diese nämlich sind die Königstöchter, von denen David spricht, die dich mit Amber und Myrrhe und anderen balsamischen Düften beglücken. Ist doch mit den Töchtern die Kenntnis gemeint, die dir der Geliebte von seinen Gnaden und Vollkommenheiten mitteilt. Du aber bist in dieses Wissen so versenkt und von ihm durchdrungen, daß du dem Brunnen mit lebendigem Wasser gleichst, das vom Libanon, also von Gott, gewaltig herabrauscht (Hld 4,15). Du bist darin als eine Harmonie von Seele und Körper wunderbar beglückt, du bist ein göttlich bewässerter Paradiesesgarten, an dir erfüllt sich das Psalmwort, das da sagt: »Die Wasser des Stromes erquicken die Gottesstadt« (Ps 46,5).

8. O wie wunderbar ist es doch, wie zu dieser Zeit die Seele göttliche Wasser verströmt, in denen sie flutet wie eine sprudelnde Quelle, die nach allen Seiten göttliche Wasser ausgießt! Denn wenn es auch wahr ist, daß die Mitteilung, von der wir soeben sprachen, Licht und Feuer der Gottesleuchten ist, gleicht dieses Feuer hier, obwohl ein gewaltiges Feuer, in seiner erwähnten Sanftheit den Lebenswassern, die den Durst des Geistes entsprechend dem Ungestüm seiner Sehnsucht stillen. Auf diese Weise sind die Feuerleuchten zugleich lebendige Wasser des Heiligen Geistes, wie sie über die Apostel kamen (vgl. Apg 2,3). Obwohl feurige Leuchten, waren sie doch auch reine und klare Wasser, wie der Prophet Ezechiel sie nannte, als er das Kommen des Heiligen Geistes weissagte, indem er sprach: »Ich gieße reine Wasser über euch aus und lege meinen Geist in euch« (Ez 36,25-26).
So also ist die Gottesmitteilung Feuer, zugleich aber auch Wasser. Denn dieses Feuer wurde schon symbolisiert im Opferfeuer, das Jeremia in der Zisterne verbarg. In seiner Verborgenheit war es Wasser, in der Opferung aber trat es als Feuer hervor (2 Makk 1,20-22; 2,1-12). Ebenso ist der Geist Gottes, soweit er sich in den Adern der Seele verbirgt, dem inneren Durst süß und wohltuend wie Wasser; und soweit er im Opfer der göttlichen Liebe wirksam ist, zeigt er sich in den lebendigen Flammen des Feuers der Leuchten im wirklichen Augenblick des Liebens und gleicht jenen Flammen, die wir schon in den Worten des Bräutigams aus dem Hohenliede zitierten (Hld 8,6). Die Seele nennt diese Mitteilung also Flammen, weil sie sie nicht nur innerlich genießt wie Wasser, sondern sie auch wie Flammen in die Praxis der Gottesliebe umsetzt. Und soweit die Seele in dieser Geistes-

mitteilung der Leuchten entflammt ist und Liebe vollbringt, spricht sie eher von feurigen Leuchten als von Wasser, indem sie sagt: *O Feuerleuchten!*
Alles, was man in dieser Strophe aussagen kann, bleibt hinter der Wirklichkeit zurück, denn die Verwandlung der Seele in Gott ist unaussprechlich. Mit diesem Wort ist alles gesagt: daß die Seele durch Gott zu Gott wird, und zwar durch Teilhabe an ihm und an seinen Attributen, die hier Feuerleuchten genannt werden.

In deren Glanz

9. Um zu verstehen, von welch einem Glanz der Leuchten die Seele hier spricht und wie sie selbst darin erstrahlt, ist zu bedenken, daß dieser Glanz von den liebeglühenden Mitteilungen der Gottesleuchten kommt, die Gottes Eigenschaften aktiv in die Seele einstrahlen. Sie aber, gottgeeint im Maße ihrer inneren Vermögen, leuchtet wie sie, verwandelt in liebeglühenden Glanz. Und diese Licht ausstrahlende Erleuchtung, in der die Seele in Liebesglut erstrahlt, ist nicht wie die der materiellen Lampen, die mit ihren Flammen die Umgebung erhellen. Es handelt sich vielmehr um ein Flammen im Innern der Flammen, denn die Seele befindet sich innerhalb ihres Glanzes. Darum sagt sie *in deren Glanz*, nämlich innen. Und nicht nur das. Die verwandelte Seele strahlt, wie wir schon sagten, selber Glanz aus. So können wir denn erklären, daß es mit der Seele ebenso ist wie mit der Luft in der Flamme. Denn eine Flamme ist ja nichts anderes als brennende Luft, und die Bewegtheit und der Glanz dieser Flamme kommen weder von der Luft noch vom Feuer allein, aus denen sich die Flamme zusammensetzt, sondern vom Zusam-

menspiel von Luft und Feuer, wobei das Feuer die Luft bewegt, die es in sich entflammt hat.

10. Durch diesen Vergleich verstehen wir, daß die Seele mit ihren Vermögen innerhalb des Gottesglanzes erstrahlt. Und die Bewegtheit dieser göttlichen Flammen, das heißt das Emporstreben und Lodern, von dem wir schon sprachen, wird verursacht weder von der im Flammen des Heiligen Geistes verwandelten Seele allein, noch allein vom Heiligen Geiste, sondern gemeinsam von ihm und der entflammten Seele. Sind doch diese Bewegtheit und dieses Lodern die frohen Spiele und Feste, die wir schon bei der Erklärung des zweiten Verses der ersten Strophe erwähnten und sagten, dies sei ein Werk des Heiligen Geistes in der Seele. Dabei scheint es immer, als wolle er ihr schon das ewige Leben schenken und sie in seine endgültige Herrlichkeit holen, indem er sie wahrhaft in sich aufnimmt. Denn alle die ersten und letzten Gaben, die großen und kleinen, die Gott der Seele schenkt, erhält sie immer um ihres ewigen Lebens willen. Das läßt sich gut mit der Flamme vergleichen, da das Emporstreben und Lodern der entflammten Luft das Ziel hat, die Flamme mit der Luft in das Zentrum ihrer Sphäre zu bringen[1]. Und all ihre Bewegtheit will nichts als dieses. Weil jedoch die Luft in ihrer eigenen Sphäre ist, trägt sie die Flamme nicht hinauf. So geht

1 Nach dem ptolemäischen Weltbild, das trotz der kopernikanischen Wende in poetischen Bildern bis heute erhalten ist, strebt das Feuer hinauf in den äußersten und höchsten Himmelskreis, das nach ihm benannte Empyreum, den Aufenthaltsort der Seligen in Dantes Divina Commedia.

es auch mit der Seele: obwohl die Bewegung des Heiligen Geistes sie wirksam in große Herrlichkeit einführt, kann er doch nicht die Vollendung bringen, solange nicht die Zeit gekommen ist, da die Seele aus dem Dunstkreis des irdischen Lebens heraustritt und eingehen kann in die heilige Mitte des vollkommenen Lebens in Christus.

11. Man muß aber bedenken, daß diese Bewegungen mehr der Seele als Gott zuzuordnen sind, denn Gott bewegt sich nicht. Folglich erfährt die Seele diesen Schimmer des ewigen Lebens als bleibende, vollkommene, kontinuierliche und darum sichere Klarheit in Gott, der dereinst in ihr sein wird ohne Wechsel von mehr oder weniger und ohne das Dazwischentreten von Bewegungen. Dann wird die Seele klar erkennen, wie, auch wenn es ihr hier schien, daß Gott sich in ihr bewege, er doch in sich selbst unbewegt ist, so wie auch das Feuer sich in seinem Himmelskreis nicht bewegt. Und daß nur ihr unvollkommenes Eindringen ins ewige Leben diese Bewegtheit und dieses Lodern im Erahnen der Herrlichkeit hervorrief.

12. Nach dem, was wir schon sagten und jetzt noch sagen wollen, wird man noch klarer das Außerordentliche des Glanzes dieser Leuchten, wie wir es ausdrückten, erkennen. Denn man kann dieses Licht auch Überschattung nennen. Zur tieferen Einsicht ist zu überlegen, daß Überschattung so viel besagt wie Schattenwerfen, und Schattenwerfen bedeutet so viel wie schützen, helfen, Gnade erweisen. Wenn nämlich ein Schatten fällt, zeigt dies die Nähe dessen an, der Schutz und Beistand bringen will. Darum auch nannte der Erzengel Gabriel jene große Gnade, die Gott der Jungfrau Maria mit

der Empfängnis des Gottessohnes erwies, eine Überschattung durch den Heiligen Geist, indem er sagte: »Der Heilige Geist wird über dich kommen und die Kraft des Allerhöchsten wird dich überschatten« (Lk 1,35).

13. Um dieses Schattenwerfen Gottes, diese Überschattung durch großen Glanz – was dasselbe ist –, gut zu verstehen, muß man bedenken, daß jedes Ding entsprechend seiner Beschaffenheit einen Schatten hat und wirft. Ist es dicht und dunkel, wirft es dunklen Schatten, ist es hell und fein, wird auch der Schatten hell und fein sein. Demnach ergibt der Schatten einer Finsternis eine weitere Finsternis, und der Schatten eines Lichtes ein ihm entsprechendes weiteres Licht.

14. Verhält es sich nun so, daß Gottes Attribute und Kräfte brennende und strahlende Leuchten sind, so kann es nicht ausbleiben, daß, wenn sie der Seele nahekommen, wie wir schon erklärten, und ihr Schatten sie berührt, nun auch in der Seele Leuchten entzündet werden, die brennen und strahlen nach dem Maße der schattenwerfenden Leuchten. So wird Schatten zu Glanz. Folglich erzeugt die Leuchte göttlicher Schönheit, wenn sie die Seele überschattet, in dieser eine weitere Schönheit von der Qualität und Beschaffenheit der göttlichen, und der Schatten, den die göttliche Stärke wirft, eine weitere Stärke nach Gottes Art. Und der Schatten der göttlichen Weisheit wird noch eine Weisheit von göttlicher Beschaffenheit, und so fort mit den übrigen Leuchten. Oder, besser ausgedrückt: Die Seele erhält die gleiche Weisheit, Schönheit und Stärke Gottes als Schatten, denn anders kann

es die Seele hier [in diesem Leben] nicht voll erfassen. Und weil dieser Schatten nach Wesen und Beschaffenheit der überschattende Gott selbst ist, erkennt die Seele sehr wohl Gottes überragendes Sein.

15. Was für Schatten sind es demnach, die der Heilige Geist der Seele von der Herrlichkeit seiner Attribute und Kräfte sendet? Da er ihr ganz nah ist, berühren die Schatten sie nicht nur, sondern ist sie ihnen in Glanz und Überschattung geeint. Wie erkennt und erfährt sie Gott in jedem von ihnen, je nach Eigenart und Beschaffenheit? Sie erkennt und erfährt nun die göttliche Macht im Schatten der Allmacht, sie erkennt und erfährt die göttliche Weisheit im Schatten göttlicher Weisheit, sie erkennt und erfährt die unendliche Gutheit im Schatten, der in unendlicher Gutheit auf sie fällt, und so weiter. Kurz, sie erfährt Gottes Herrlichkeit im Schatten der Herrlichkeit, der das Wesen und die Beschaffenheit des göttlichen Lebens zu erkennen gibt. Und alles dieses wird übertragen in hellen und feurigen Schatten jener hellen und feurigen Leuchten, die zur einen Leuchte des einen und einfachen Seins Gottes werden, die hier nun in allen diesen Weisen erstrahlt.

16. Was aber, oh, was mag nun die Seele fühlen, wenn sie die Wahrnehmung und Mitteilung jener Vision erfährt, die der Prophet Ezechiel von dem »Lebewesen mit den vier Gesichtern« hatte, mit einem »Rad aus vier Rädern«, »mit einem Anblick wie von glühenden Kohlen oder flammenden Leuchten«! Was mag sie fühlen, wenn sie »das Rad der göttlichen Weisheit« erschaut, das »innen und außen voller Augen war«, die göttliche Kundgaben und Glanz seiner

Vollkommenheiten sind, wenn sie in ihrem Geiste jenes »lärmende Geräusch« des Vorbeiganges vernahm, das war wie »der Lärm einer Menge und eines Heerlagers« und viele Vollkommenheiten Gottes bedeutet, die hier die Seele im einzigen Klang des göttlichen Schrittes unterscheidend erkennt. Und schließlich, wenn sie jenes »Rauschen seines Flügelschlags hört«, von dem der Prophet sagt, »es war wie das Rauschen gewaltiger Wassermassen, wie die Stimme des Allerhöchsten«. Das bedeutet die Gewalt der göttlichen Wasser, von denen wir schon sprachen [Str. III,8], die im Herabschweben des Heiligen Geistes als Liebesflamme die Seele beglücken und in sie eindringen, so daß sie nun die Herrlichkeit Gottes in seinem Abbild und Schatten genießt. Sagt nicht auch der Prophet, daß die Vision von diesen Lebewesen und diesem Rad ein Gleichnis war von der Herrlichkeit des Herrn? (Ez 1,1-28).

Wie erhoben fühlt sich hier die glückliche Seele, wie gesegnet weiß sie sich, mit welchem Staunen schaut sie sich in ihrer heiligen Schönheit, wer könnte Worte dafür finden? Sieht sie sich doch so überreich durchströmt von den Wassern des göttlichen Glanzes, daß sie erkennt, wie ihr der Vater mit großzügiger Hand »die Obere und Untere Quelle« gibt, wie sie schon Axa von ihrem Vater erhielt, als sie danach seufzte (Ri 1,15). Denn diese Wasser durchdringen und beleben Seele und Leib, also den »oberen« und »unteren« Teil.

17. O staunenswerte Vorzüglichkeit Gottes, die bewirkt, daß diese Leuchten der göttlichen Attribute ein einziges Sein sind und in ihm allein zu erfahren, während man sie zugleich voneinander getrennt sieht, die eine so entflammt wie die

andere, und eine jede ist zugleich wesentlich die andere! O Abgrund der Seligkeit, der du um so größere Fülle birgst, als deine Reichtümer in Einheit und unendlicher Einfachheit deines einzigen Seins gesammelt sind! Wo man derart das Eine erkennt und sich seiner erfreut, daß es die vollkommene Kenntnis und das Wissen vom anderen nicht unterbindet. Im Gegenteil, jede Gabe und Fähigkeit wirft in dir zugleich Licht auf jede beliebige andere deiner Vollkommenheiten! Denn durch deine göttliche Reinheit und Weisheit erkennt man vieles in dir, sobald man eines sieht. Bist du doch die Schatzkammer des Vaters, das Strahlen des ewigen Lichtes, bist fleckenloser Spiegel und Abbild seiner Gutheit (Weish 7,26), Leuchte, *in deren Glanz* sich bergen

Die tiefen Höhlen des Sinnes

18. Diese *Höhlen* sind die Seelenvermögen: Verstand, Gedächtnis und Wille. Ihre Tiefe entspricht ihrer Aufnahmefähigkeit großen Gutes, denn sie füllen sich mit nichts Geringerem als dem Unendlichen[2]. An ihren Leiden, wenn sie leer sind, können wir in etwa ermessen, wie beglückt und beseligt sie sind, wenn Gott sie erfüllt, denn Gegensätze erhellen einander. Was allerdings das Leiden angeht, so muß man bedenken, daß diese *Höhlen der Seelenvermögen* ihre große Leere nur dann empfinden, wenn sie geläutert und frei wurden von kreatürlicher Verhaftung. Denn es ist in diesem Leben ja nun einmal so, daß jede beliebige Kleinigkeit, an der wir

2 Die Höhlen sind also eine paradoxe Spezifizierung des Seelengrundes, halb räumlich, halb lebendig. Platons Höhlengleichnis, zu dem auch Feuer und Schatten gehören, mag hier von ferne anklingen.

haften, ausreicht, uns so zu behindern und zu betäuben, daß wir den Schaden nicht fühlen und daß wir das unendliche Gut weder vermissen noch um unsere Aufnahmefähigkeit wissen.

Und es ist ja erstaunlich, wie für diese unendlichen Gutes fähigen Höhlen der kleinste Besitz genügt, um ihre Aufnahmefähigkeit für das Unendliche so zu behindern, daß sie es erst empfangen können, wenn sie sich total freigemacht [geleert] haben, wie wir nun erklären wollen. Sind sie aber frei und rein, so werden der Hunger, der Durst und das Verlangen des geistigen Sinnes [der Seelenvermögen] unerträglich. Denn der Magen einer jeden Höhle ist tief, und unergründlich tief ist sein Leiden, weil die Speise, die er vermißt, ebenfalls unergründlich ist, nämlich Gott selber. Und dieses so große Fühlen stellt sich meist gegen Ende der Erleuchtung und Läuterung der Seele ein, ehe sie zur Einung gelangt, in der ja alles Verlangen gestillt wird. Denn wenn das geistige Begehren leer wurde, von allem Geschöpflichen und kreatürlichen Neigungen gereinigt; wenn die natürliche Ausrichtung sich verlor, weil sie einer göttlichen Platz machte und nun der freigewordene Raum verfügbar ist: wenn dann noch keine göttliche Mitteilung in Gotteinung erfolgt, so möchte die Seele lieber sterben, als weiter diese Leere und diesen Durst zu ertragen. Zumal schon durch einen Spalt, durch eine Ritze ein göttlicher Strahl schimmert, der jedoch die Seele noch nicht erreicht. Solche Seelen leiden dann an einer solchen Ungeduld der Liebe, daß es für sie nur noch die Alternative gibt: Erfüllung oder Sterben.

19. Was nun die erste Höhle betrifft, die wir hier behandeln wollen, nämlich den Verstand, so ist seine Leere ein Dürsten nach Gott. Der Durst ist in seinem Verlangen so groß, daß ihn David mit dem Durst des Hirsches vergleicht, weil er sich keinen größeren denken kann, denn er gilt als der heftigste, so daß er sagt: »Wie der Hirsch lechzt nach den Wasserquellen, so lechzt meine Seele, Gott, nach dir« (Ps 42,2). Und dieser Durst des Verstandes zielt auf die Weisheit Gottes [den Gottessohn].

20. Die zweite Höhle ist der Wille, und ihre Leere ist so großer Hunger nach Gott, daß die Seele sich in Sehnsucht verzehrt, so wie denn auch David sagte: »Meine Seele verzehrt sich in Sehnsucht nach dem Heiligtum des Herrn« (Ps 84,3). Und dieser Hunger gehört zur Vollkommenheit der Liebe, nach der die Seele strebt.

21. Die dritte Höhle ist das Gedächtnis, und seine Leere drückt sich aus durch das Vergehen und Dahinschmelzen der Seele in ihrem Wunsche nach Gott, so wie Jeremia es mitteilt, indem er sagt: »Memoria memor ero et tabescet in me anima mea« (Klgl 3,20), was so viel heißt wie: »Immer ist mein Gedenken bei ihm«, nämlich: ständig muß ich an ihn denken, »und meine Seele zerschmilzt. Das will ich in meinem Herzen bewegen, ich will leben im Hoffen auf den Herrn« (vgl. Klgl 3,21).

22. Das Fassungsvermögen dieser Höhlen ist also tief, denn sie können Gott in sich bergen, der tief und unendlich ist. Und so wird letztlich ihr Fassungsvermögen unendlich sein, weshalb auch ihr Durst grenzenlos ist, ihr Hunger tief und

unermeßlich, ihr Aufgelöstsein in Leid maßloser Tod. Denn wenn man hier auch nicht so heftig leidet wie im ewigen Leben[3], erleidet man doch ein lebendiges Abbild jener unendlichen Beraubung, weil die Seele schon fähig ist, ihre ganze Erfüllung zu empfangen. Allerdings vollzieht sich dieses Leiden in einer anderen Tonart, denn es spielt sich ab in der Herzenstiefe des Willens. Doch ist es deshalb nicht geringer, weil ja mit der Größe der Liebe auch die Ungeduld wächst, Gott ganz zu eigen zu haben, den man unablässig und leidenschaftlich begehrt.

23. Aber, helfe mir Gott, wenn es doch wahr ist, daß die Seele, wenn sie Gott wirklich und wahrhaftig ersehnt, ihn damit schon besitzt, wie der heilige Gregor in seiner Erklärung zum Johannesevangelium sagt – wie ist es dann möglich, daß die Seele noch Sehnsuchtsqualen erleidet nach dem, was sie doch hat? Denn von den Engeln sagt der heilige Petrus, in ihrem Wunsch, den Gottessohn zu schauen, gebe es keinerlei Leid oder Sehnen, denn sie besitzen ihn ja bereits (1 Petr 1,12). Und so müßte es doch auch bei der Seele sein, der Gott um so mehr zu eigen ist, je inniger sie sich nach ihm sehnt. Schenkt doch sein Besitz Seligkeit und ist so erfüllend, wie man es bei den Engeln sieht, die selig sind in Wunscherfüllung ohne Überdruß. Weil sie keinen Überdruß kennen,

3 Wörtlich: »en la otra vida«. Juan versteht parallel zu Christi Abstieg in das Todesreich schon den irdischen Prozeß der Umwandlung als Ahnung von Fegfeuer oder sogar Hölle. Vgl. J. Ratzinger, Eschatologie, Pustet, Regensburg 6/1990, 188 f. Ruiz Salvador plädiert in seiner Edition für »Hölle«.

ist auch ihr Wünschen immer lebendig und frei von Leiden: So müßte doch eigentlich auch die Seele erfüllter und glücklicher sein, je mehr sie Gott ersehnt, denn je größer der Wunsch, um so mehr hat sie doch Gott, nicht aber Schmerz und Leiden.

24. Diese Frage löst sich, wenn man bedenkt, daß es ein Unterschied ist, ob man Gott in sich hat aus Gnade oder ob man ihm geeint ist. Das erste bedeutet, einander innig zu lieben, das zweite aber, sich einander auch zu schenken. Es ist der gleiche Unterschied wie zwischen Verlobung und Ehe. In der Verlobung gibt es das Ja zueinander und ein gemeinsames Wollen, auch Schmuck und Edelsteine für die Braut, die der Bräutigam freudig schenkt. In der Ehe aber gibt es Hingabe und Einswerden der Personen. Und wenn auch in der Verlobungszeit der Bräutigam die Braut hin und wieder besucht und ihr Geschenke bringt, handelt es sich doch nicht um die Vereinigung der Personen, die als erreichtes Ziel die Verlobungszeit beendet. So gesehen gibt die Seele in Gott ihr Jawort zur großen inneren Reinheit, zu der sie gelangte, zur Läuterung des Willens von anderen Freuden und gottfremdem Begehren, sowohl im niederen wie auch im höheren Teil, denn ihr Wille und Gottes Wille sind schon eins in freier und persönlicher Zustimmung. Gott ist durch die Begnadung ihres Willens schon der Ihre, soweit er ihr durch Willen und Gnade gehören kann. Das ist möglich, weil ihr Gott in ihrem Ja sein eigenes ganzes und wahres Ja gegeben hat.

25. Das ist nun ein hoher Stand mystischer Verlobung der Seele mit dem WORT, in dem der Bräutigam sie oft aufs liebevollste besucht und beschenkt, eine Zeit, in der sie immer

wieder durch die Beweise seiner Zuneigung beglückt ist. Aber mit mystischer Ehe hat das noch nichts zu tun. Alles das ist noch Vorbereitung für die eheliche Vereinigung, denn wenn die Seele auch schon ganz frei von ihren kreatürlichen Verhaftungen ist, ohne welche Freiheit es, wie gesagt, keine geistliche Verlobung gibt, bedarf es doch weiterer zubereitender Aktivitäten Gottes. Weshalb er sie mit seinen Besuchen und Gaben weiter läutert, verschönt und verfeinert, auf daß sie befähigt werde für die hohe Einung. Darüber vergeht Zeit, bei den einen mehr, bei den anderen weniger, weil Gott sich dem Zustand der Seele anpaßt. Das ist allegorisch dargestellt im Gleichnis jener Jungfrauen, die für den König Artaxerxes (Asuero) ausgewählt waren und die, obwohl schon aus ihrer Heimat und von ihren Eltern entfernt, sich dem Bett des Königs erst nähern durften, nachdem sie ein Jahr im Palast eingeschlossen waren. Im ersten Halbjahr wurden sie mit Myrrhe und anderen Duftessencen gesalbt und vorbereitet, im zweiten Halbjahr mit noch kostbareren Salben, dann erst gingen sie zum Bett des Königs (Est 2,2-4 und 12-14).

26. In dieser Zeit also, im Zeitraum der Verlobung und Erwartung der Ehe mit den Salbungen[4] des Heiligen Geistes, wird, sobald diese Vorbereitungen für die Vereinigung mit

4 Die Salbung verleiht im AT dem König seine Würde, denn sie bindet ihn nach jüdischer Auffassung an Gott. Auch geistliche Würdenträger und Propheten wurden gesalbt. Der Gesalbte heißt hebräisch *Messias*, griechisch *Christós*. Die Salbung überträgt den Geist Gottes. Die Kirche verwendet sie in ihren Sakramenten Taufe, Firmung, Priesterweihe, Krankensalbung.

Gott ihren Höhepunkt erreichen, auch das zärtliche Verlangen in den *Höhlen* der Seele extrem. Denn da diese Salbungen sie zur Gotteinung zunehmend befähigen und ihm näherbringen, verspürt sie ihn schon ganz zart, und wird ihr Wunsch nach Vereinigung immer zärtlicher und tiefer, denn Sehnsucht nach Gott ist das innere Bereitsein zur Gotteinung.

27. Oh, wie wären jetzt einige Ratschläge für die Seelen angebracht, die Gott zu diesen köstlichen Salbungen führt: daß sie achtgeben, was sie tun und wessen Händen sie sich anvertrauen, damit sie nicht zurückfallen! Zwar gehört das hier eigentlich nicht ins Konzept. Aber es zerreißt mir das Herz, wenn ich Seelen zurückfallen sehe, die nicht nur aufhören, sich der fördernden Salbung zu stellen, sondern nun auch die Wirkung dessen verlieren, was sie schon erhielten. Darum kann ich nicht unterlassen, sie zu warnen und ihnen zu sagen, wie sie so großen Schaden vermeiden können, auch wenn wir uns nun von unserem ursprünglichen Vorhaben ein wenig entfernen. Ich komme ja wieder darauf zurück, und zudem trägt diese Abschweifung zum besseren Verständnis der Eigenart dieser Höhlen bei. Weil es also wirklich notwendig ist und nicht nur jenen fortgeschrittenen Seelen hilft, sondern auch allen anderen, die ihren GELIEBTEN suchen, will ich nun davon sprechen.

Exkurs über die geistlichen Führer
Wenn ein Blinder die Seele führt

28. Vor allem muß man wissen: wenn die Seele Gott sucht, so sucht ihr GELIEBTER sie noch viel mehr. Wenn sie ihm sehnsüchtige Botschaften sendet, die für ihn so lieblich duften wie der aufsteigende Opferrauch von Weihrauch und Myrrhe (vgl. Hld 3,6), so schickt er ihr den Duft seines Salböls, mit dem er sie lockt und an sich zieht (vgl. Hld 1, 2-3). Damit sind seine göttlichen Eingebungen und Berührungen gemeint, die als die seinen auf die Vervollkommnung des Lebens nach den Geboten Gottes und im Glauben abzielen, durch deren wachsende Vollkommenheit die Seele Gott immer näher kommt. Und so wird sie allmählich verstehen, daß alle die Geschenke von Düften und Balsamen sie für noch viel wertvollere und köstlichere Salbungen bereiten sollen, die immer mehr auf Gott einstimmen, bis die Seele zu einer so reinen und innig-zarten Verfügbarkeit gelangt ist, daß sie die Gotteinung verdient und mit ihr die wesenhafte Verwandlung aller ihrer inneren Kräfte.

29. Dabei nimmt die Seele wahr, daß in diesem Geschehen Gott der eigentlich Handelnde und Blindenführer ist, der sie bei der Hand nimmt und dorthin führt, wohin sie selbst nicht zu gehen vermöchte, nämlich zu den übernatürlichen Dingen, von denen weder ihr Verstand noch ihr Wille noch ihr Gedächtnis etwas wissen. Ihre Hauptsorge hat dabei zu sein, daß sie ihrem Führer keine Hindernisse in den Weg legt, den Gott für sie ausersehen hat zur Vervollkommnung des Lebens nach den Geboten Gottes und im Glauben, wie wir schon

sagten. Ein solches Hindernis kann sich einstellen, wenn sie sich von einem ebenfalls Blinden führen läßt. Und es gibt drei Blinde, die sie irreleiten könnten, nämlich den geistlichen Führer, den Teufel und sie selber. Damit die Seele verstehe, wie das gemeint ist, wollen wir jeden von ihnen ein wenig betrachten.

30. Was den ersten betrifft, so muß die Seele, die in der Versenkungspraxis und Vervollkommnung vorankommen will, sich sehr überlegen, in wessen Hände sie sich begibt, denn wie der Lehrer, so der Schüler, und wie der Vater, so der Sohn. Und man muß sich klarmachen, daß zumindest für das letzte Wegstück, aber eigentlich auch schon für das mittlere, kaum ein in jeder Hinsicht ausreichender Führer zu finden ist. Denn er muß nicht nur gelehrt und verständig sein, sondern unbedingt auch Erfahrung besitzen. Nämlich wenn auch Gelehrsamkeit und Klugheit das Fundament geistlicher Führung sind, wird er ohne eigene Erfahrung dessen, was wahrer und reiner Geist ist, die Seele nicht auf den Weg zu Gott bringen können, ja, nicht einmal bemerken, wenn Gott ihn ihr öffnet.

31. Auf diese Weise fügen manche geistlichen Führer vielen Seelen großen Schaden zu. Denn weil sie die Wege und Eigenheiten des Geistes nicht kennen, bewirken sie meist, daß die Seelen die zarten Salbungen des Heiligen Geistes wieder verlieren, mit denen er sie für sich bereitmachen wollte. Stattdessen erhalten sie Unterweisungen auf niederster Stufe, wie sie die Seelenführer für sich selbst anwenden oder von denen sie gelesen haben und die einzig für Anfänger geeignet

sind. Denn nur mit solchen – das wenigstens wolle Gott! – kennen sie sich aus, und sie lassen keine Seele über diese Anfänge des Nachsinnens und bildhaften Sichvorstellens [Imaginierens] hinauskommen, damit sie nur ja nicht die natürlichen Fähigkeiten übersteige, die der Seele nur wenig bringen, während doch Gott sie weiterführen möchte.

32. Damit wir jedoch die Voraussetzungen für Anfänger besser verstehen, müssen wir bedenken, daß ihre Übung und Formung aus meditativem Nachsinnen und durchdachter bildhafter Vorstellung besteht. Auf dieser Stufe ist es notwendig für die Seele, daß man ihr Stoff zum Nachdenken und Meditieren gebe, und es wird von ihr erwartet, daß sie innerlich aktiv sei und sinnenhaft Saft und Kraft aus den geistlichen Übungen gewinne. Denn wenn das Begehren durch den Gefallen am Geistigen befriedigt wird, entzieht das dem Geschmack am Sinnlichen allmählich den Boden, und das weltliche Interesse wird geschwächt.
Wenn jedoch das Begehren Nahrung erhielt und sich in gewisser Weise auf Geistiges mit einiger Ausdauer und Standhaftigkeit eingestellt hat, dann beginnt Gott, wie man so sagt, die Seele abzustillen und auf die Ebene der Kontemplation zu bringen. Das kann bei einigen sehr schnell gehen, zumal wenn es sich um Ordensleute handelt, die der Welt schon entsagt haben. Sie passen Begehren und Sinn leichter Gott an und lassen in ihrem Bemühen Gottes Geist in sich wirken. Das zeigt sich daran, daß die meditativen Denkprozesse aufhören und damit auch die sinnenhafte Inbrunst und Befriedigung. Da die Seele nicht mehr nachsinnen kann wie zuvor und keinen Halt mehr bei den Sinnen findet, bleiben

diese in Trockenheit. Damit aber fließt nun auch der Geist in andere Richtung jenseits des Sinnenhaften.
Nun kann aber natürlich die Seele ohne Stütze der Sinne nicht tätig sein. Darum ist in diesem Stadium Gott der Handelnde und die Seele die »Erleidende«, das heißt, sie verhält sich wie jemand, der empfängt und in dem etwas gewirkt wird. Und Gott ist der Schenkende und in ihr Wirkende, der ihr in der Kontemplation das geistige Gut göttlichen Wissens und Liebens zusammen schenkt, also ein liebendes Innewerden. Die Seele macht dabei keinen Gebrauch mehr von ihrer natürlichen Betätigung und ihren Denkprozessen, denn sie kann darüber [im Zustand kontemplativer Versenkung] nicht mehr wie zuvor verfügen.

33. Darum muß zu dieser Zeit die Seele völlig anders geführt werden als im ersten Stadium. Gab man ihr anfangs Meditationsstoff und ließ sie meditieren, muß man ihr jetzt solchen Stoff nehmen und sie am nachsinnenden Meditieren hindern. Denn, wie ich schon sagte, sie kann das nicht mehr, auch wenn sie es wollte, und sie würde sich nur damit zerstreuen, statt sich zu sammeln. Und wenn sie zuvor daraus Saft und Kraft zog, will und sucht sie dies nicht mehr, denn sie würde es mit allem Fleiß nicht nur nicht finden, sondern sogar nur Trockenheit erfahren. Ihre Freude ist jetzt der ruhige Frieden, der ihr in den Geist gesenkt wird. Würde sie aber dem geistlichen Führer folgen und weiter den Weg über den Sinn [das natürliche Üben und Bemühen] suchen, so verlöre sie das eine [Gottes inneres Wirken], ohne das andere [die alte Freude am eigenen Bemühen] zu gewinnen. Denn das Gut, das sie jetzt erhält, nimmt seinen Weg nicht mehr wie zuvor

über Sinn und Sinne. Darum darf man ihr auf dieser Stufe keinesfalls mehr meditatives und sonstiges Üben auferlegen, auch soll sie keinen inneren Gewinn mehr suchen. Denn das hieße ja dem Träger der Handlung, nämlich, wie ich schon sagte, Gott, ein Hindernis aufbauen, der ganz still und verborgen Weisheit und liebendes Innewerden in die Seele zu legen im Begriff ist. Sie soll dabei keine Tätigkeit mehr ausüben, wenn auch Gott eine vorhandene manchmal noch ein wenig bestehen läßt. Die Seele soll dann nur noch ein liebendes Aufmerken auf Gott in sich tragen, sich passiv verhalten ohne sonstige Aktivitäten und Bemühungen. Mit dem schlichten, einfachen und liebenden Aufmerken, als öffne man die Augen mit der Achtsamkeit der Liebe.

34. Dann beschenkt Gott die Seele und begegnet ihr in einfachem liebendem Sichmitteilen, und auch die Seele begegnet ihm empfangend im Aufmerken und mit schlichtem, liebendem Innewerden, auf daß sich Kundgabe mit Kundgabe und Liebe mit Liebe eine. Denn der Empfangende muß sich der Art der Gabe anpassen, anders könnte er sie nicht so empfangen, wie sie gemeint und geschenkt ist. Sagen doch die Philosophen [Aristoteles und die Scholastiker]: was immer man empfängt, ist im Empfangenden nach des Empfangenden Weise.
So ist es denn klar: läßt die Seele nicht ab von ihrer natürlichen Weise der Aktivität, kann sie auch das hohe Gut nur im Rahmen dieser Weise empfangen, was aber bedeutet: überhaupt nicht! Denn sie bleibt ja beim Natürlichen stehen. Das Übernatürliche aber findet weder Raum im Natürlichen, noch hat es etwas damit zu tun. Und so gilt auf der ganzen Linie: wenn die Seele von sich aus in einer Weise tätig sein will, die außerhalb des erwähnten

liebenden und passiven Aufmerkens liegt, also sehr ruhig und passiv ohne ihr natürliches Tun, es sei denn, Gott eine sie mit sich in irgendeiner ihrer Aktivitäten, so würde sie den Gaben, die Gott ihr auf übernatürliche Weise im liebenden Innewerden mitteilen will, Hindernisse entgegensetzen. Dieses Empfangen vollzieht sich anfangs in der inneren Läuterung, die sie erleidet und von der wir schon sprachen, dann aber in der Sanftheit der Liebe.

Das liebende Innewerden empfängt man – und es ist wahr, was ich hier sage – ganz passiv nach Gottes übernatürlicher Weise und nicht nach der natürlichen Art der Seele. Folglich muß diese Seele, um es empfangen zu können, ihr natürliches Wirken eingestellt haben, frei und ungehindert sein in Muße, ruhig, friedevoll und heiter nach Gottes Weise. Wohl wie die Luft, die, je dunstfreier sie ist, je ruhiger und stiller, um so mehr von der Sonne erhellt und durchwärmt wird. Darum darf sich die Seele an nichts anklammern. Nicht an die Meditationsübung, nicht an irgendeine angenehme Empfindung, sei sie nun sinnlicher oder geistiger Art. Und auch an keine anderen Verhaftungen, ihr Geist muß ganz frei sein, von allem gelöst. Denn jedes bißchen an Gedanken, Überlegung oder Genuß, an das sich die Seele nun noch halten wollte, würde sie behindern und beunruhigen, wäre Lärm im tiefen Schweigen, dessen sie jetzt mit Sinn und Geist bedarf, um den so tiefen und zarten Klang der Gottesstimme zu vernehmen, die »in dieser Einsamkeit zu ihrem Herzen spricht,« wie Hosea sagte (Hos 2,16). In tiefstem Frieden und in Ruhe muß die Seele, wie David sagte, »lauschen und hören, was Gott der Herr in ihr spricht« (Ps 85,9), denn sein Sprechen ist Friede in Einsamkeit.

35. Wenn sich nun also die Seele so in Einsamkeit und Schweigen versetzt sieht, muß sie auch noch auf die schon erwähnte Übung des liebenden Aufmerkens verzichten, damit sie ganz frei sei für das, was Gott nun von ihr will. Denn dieses liebende Aufmerken ist nur anwendbar, solange man sich noch nicht in Abgeschiedenheit oder Muße oder Selbstvergessenheit oder geistiges Lauschen versetzt sieht. Was – man verstehe das recht – immer mit einer friedevollen Gelassenheit und inneren Versunkenheit einhergeht.

36. Während dieses ganzen Übergangs und Zeitabschnitts, da die Seele in den stillen und ruhigen Bereich der Kontemplation einzutreten beginnt – und das geschieht, sobald sie, auch wenn sie es wollte, nicht mehr meditieren kann –, darf sie weder nach Meditationen trachten noch sich an angenehme innere Erfahrungen halten wollen. Sie muß vielmehr ohne Stütze frei stehen, gelösten Geistes, so wie auch Habakuk sein Verhalten beschrieb, um Gottes Rede zu hören: »Hier will ich aufrecht auf meinem Wachtturm stehen und den Zugang meiner Festung sichern. Ich will betrachten, was man mir sagt« (Hab 2,1)[5]. Was so viel bedeutet wie: »Ich werde meinen Geist über alle Tätigkeiten und Wahrnehmungen, die in meine Sinne einfallen könnten, erheben und alles unter mir lassen, was sie noch zurückbehalten haben könnten. Und ich sichere den Zugang zur Festung meiner Seelenvermögen, ich lasse keine Eigentätigkeit hindurch, damit ich in kontempla-

5 Vulgata: Super custodiam meam stabo et figam gradum munitionem et contemplabor ut videam quid dicatur mihi. Diese Stelle hat sehr verschiedene Übersetzungen erfahren.

tiver Stille empfange, was Gott mir mitteilen will.« Wir sagten ja schon, daß die reine Kontemplation sich im Empfangen vollzieht.

37. Man kann diese höchste Weisheit und Sprache Gottes, die die Kontemplation ist, nur empfangen im schweigenden, von allem Gefallen am Gewinn durch Denkbewegungen gelösten Geiste. Sprach doch Jesaja diese Worte: »Wen lehrt er Weisheit und wen läßt Gott seine Rede vernehmen? Den Abgestillten«, so lautet die Antwort, »den von der Milch Entwöhnten« (Jes 28,9). Das heißt, abgestillt von den beglückenden Erfahrungen. Es meint also jene, die sich von der Mutterbrust lösten, nämlich vom Wissen und Verständnis des Einzelnen und Begrenzten.

38. Entferne, o geistliche Seele [geistlicher Führer], die Fusseln, die Haare, den Nebel von deinen Augen, und die helle Sonne wird dir leuchten, und du wirst klar sehen. Versetze die [von dir geführte] Seele in Frieden, indem du sie befreist und löst vom Joch, von der Sklaverei des Unzureichenden ihrer Fähigkeiten, aus dieser ägyptischen Gefangenschaft, in der alles kaum mehr ist als Strohsammeln zum Ziegelbrennen.(Ex 1,14; 5,7-9). Und führe sie, o geistlicher Lehrer, in das gelobte Land, wo Milch und Honig fließen (Ex 3,8.17; 13,5; 33,3; Lev 20,24). Sieh, wie Gott die Seele um der Freiheit und heiligen Muße der Kinder Gottes willen in die Wüste ruft, wo man ihr Festkleider anlegt und ihr Schmuck gibt von Gold und Silber. Denn Ägypten ist schon leer und seiner Schätze beraubt (Ex 12,33-36). Damit ist der sinnenhafte Teil gemeint. Und

nicht nur das, sondern die feindlichen Ägypter sind im Meer der Kontemplation ertrunken (Ex 14,27-28), wo der Ägypter des Sinnes [der alte Adam], dessen Fuß keinen Halt mehr findet, untergeht und das Gotteskind freigibt (Ex 14,29-30), das heißt, den aus den engen Grenzen und von mühseliger Knechtschaft der Sinne befreiten Geist, dem nun Gott das liebliche Manna geben kann (Ex 16,13-25; 3,35; Num 11,6-9). Der Geschmack dieser Speise ist, obwohl er alle vielfältigen Freuden enthält, die du dir für die Seele mit deinen Übungen erhofftest, so köstlich zart, daß er im Munde zergeht. Folglich kann man ihn nicht mehr schmecken, wenn ihn ein anderer Geschmack oder dergleichen überlagert.

Darum also, wenn die Seele diese Stufe erreicht hat, versuche sie freizumachen von allem Begehren nach Wohlgeschmack und Wohlgefallen, nach geistlichen Meditationen. Beunruhige sie nicht mit der Forderung nach Fleiß und Bemühen um Himmlisches und erst recht nicht um Irdisches. Versetze sie stattdessen so sehr wie möglich in Abgeschiedenheit und Loslösung. Denn je mehr und je schneller sie in diese untätige Ruhe gelangt, um so reichlicher wird der Geist der Weisheit in sie einfließen, der voller Liebe ist, ruhig, abgeschieden, friedevoll, sanft und berauschend zugleich. Die Seele fühlt sich von ihm fortgetragen, zärtlich und weich durchdrungen, ohne daß sie weiß von wem, wie und woher. Das ist so, weil sich ihr alles ohne ihr eigenes Zutun mitgeteilt hat.

39. Und schon ein klein wenig von dem, was Gott in der Seele wirkt dank dieser heiligen Muße und Loslösung, ist von unschätzbarem Wert und machmal viel mehr, als sich

die Seele und ihr geistlicher Führer vorstellen können. Aber auch wenn dies noch nicht gleich einsichtig ist, wird es doch zur rechten Zeit ans Licht kommen. Zumindest ist das, was die Seele jetzt zu fühlen vermag, mehr oder weniger eine Fremdheit gegenüber allen Dingen, eine Abtrennung und Tendenz zur Einsamkeit im Überdruß an allem Kreatürlichen und Weltlichen, ein sanftes Ruhen im Atem der Liebe und im Leben des Geistes. Dabei verursacht ihr alles Unlust, was sich nicht zu dieser Isolierung fügt, denn, wie man sagte: »Hat man den Geist geschmeckt, will das »Fleisch« nicht mehr munden.«[6]

40. Die Werte jedoch, die diese schweigende Mitteilung und Kontemplation in der Seele hinterlassen, sind, auch wenn sie es noch nicht spürt, unschätzbar. Denn es sind höchst geheime und darum köstlich-zarte Salbungen des Heiligen Geistes, die im Verborgenen die Seele mit geistigen Gnaden und Gaben und Reichtümern versehen. Und weil Gott diese Salbungen vollzieht, sind sie nicht weniger als göttlich.

41. Diese Salbungen also, diese so feinen und kostbaren Abstufungen des Heiligen Geistes, werden wegen ihrer Zartheit und äußersten Lauterkeit weder von der Seele noch von ihrem geistlichen Führer erkannt, wohl aber und einzig von dem, der sie gibt, damit sich die Seele ihrer zunehmend erfreue. Sehr leicht jedoch ist dieses alles in ihr zu verdrängen und zu behindern, wenn sie auch nur die geringste Eigentätigkeit versucht, sei es mit dem Gedächtnis, dem Verstand, dem Willen oder den Sin-

6 Zitat nach Bernhard von Clairvaux, Epistola 111, ML 182, 2588.

nen, das heißt mit der Begehrlichkeit, dem Streben nach Erfahrung und Lustgewinn. Das ist dann ein schwerer Schaden, bedauerlich und schmerzlich.

42. O ernster und sehr verwunderlicher Fall! Denn wenn auch der Schaden bei diesen heiligen Salbungen winzig scheint, so gut wie nichts, ist er doch schon größer und schmerzlicher, als wenn man viele gewöhnliche Seelen, die nicht diesen feinen Schmelz und diese Farbabstufungen aufweisen, beschädigt und ruiniert sähe. Denn es ist doch schlimmer, wenn ein künstlerisch meisterhaftes Porträt von grober Hand mit primitiven Farben überdeckt wird, als wenn man viele Gesichter eines Durchschnittsbildes übermalt. Aber das edle Werk von der Hand des Heiligen Geistes, das jene grobe Hand zerstörte – wer bringt es zurück?

43. Und dieser Schaden ist größer, als man überhaupt ermessen kann. Ja, er ist so häufig und so verbreitet, daß man kaum einen geistlichen Führer finden wird, der ihn den Seelen nicht zufügt, die Gott in diese Art der Kontemplation zu versenken beginnt. Wie oft doch salbt Gott die kontemplative Seele mit einer zarten Salbung liebenden Innewerdens, macht sie heiter, gelassen, friedevoll, in Einsamkeit fern ihren sinnenhaften Vorstellungen und dem, was man denken kann. Mit dieser Salbung vermag sie weder zu meditieren noch über etwas nachzusinnen, nicht über Himmlisches und nicht über Irdisches, denn Gott hält sie fest in dieser kontemplativen Abgeschiedenheit, der Muße und Einsamkeit zugewandt. Nun aber kommt ein geistlicher Führer daher, der nichts anderes versteht als auf die Seelenvermögen einzuhämmern und zu

klopfen wie ein Schmied. Und weil er nichts anderes versteht, sagt er: »Auf, lassen Sie dieses Ruhen, das nichts als Bequemlichkeit und Zeitverlust ist, reißen Sie sich zusammen, meditieren Sie und seien Sie innerlich aktiv, denn Sie müssen von sich aus tun, was Ihnen möglich ist, alles andere ist sektiererisch[7] und konfus!«

44. Und so, weil solche Lehrer die Gebetsstufen und Wege des Geistes nicht kennen, vermögen sie nicht einzusehen, daß diese Aktivität, die sie jetzt von der Seele verlangen, um sie wieder auf den Weg schlußfolgernden Denkens zu bringen, schon hinter ihr liegt, da sie bereits zur Nichtaktivierung und zum Schweigen des Sinnes und der Denkbewegung gelangt ist. Sie aber kam dahin auf dem Wege des Geistes, das heißt, durch die Kontemplation, in der die Tätigkeit des Sinnes und der selbsttätigen Denkbewegung aufhört. Denn Gott allein ist jetzt der Handelnde, der im Geheimen zur einsam schweigenden Seele spricht. Und wenn man nun die Seele, die so, wie wir es schilderten, zum [Heiligen] Geiste gelangte, wieder auf den Weg des Sinnes schicken will, so muß sie zurückfallen und die Sammlung verlieren. Denn wer an sein Ziel gelangte und sich wieder auf den Weg zum Ziel macht, wirkt nicht nur lächerlich, sondern muß sich auch notgedrungen vom Ziel entfernen.
Folglich, nachdem sie durch die [anfängliche] Arbeit der Seelenvermögen zu jener ruhigen Sammlung gelangt war,

7 Wörtlich: alles andere sind »alumbramientos«, Pseudo- Erleuchtungen, die der damals in Spanien verbreiteten Bewegung der »alumbrados«, die zum europäischen Illuminatentum gehörte, ihren Namen gaben.

nach der jeder Kontemplative strebt und in welcher Sammlung die Tätigkeit der Seelenvermögen aufhört, wäre es nicht nur vergeblich, wollte sie zum Bemühen ihrer Vermögen zurückkehren, um in den kontemplativen Zustand zu gelangen – es wäre sogar schädlich. Denn aus der Sammlung, die sie sich doch schon erworben hatte, fiele sie heraus in die Zerstreuung.

45. Wenn also, wie gesagt, diese geistlichen Führer weder wissen, was kontemplative Sammlung ist noch spirituelle Abgeschiedenheit und deren Eignung für Gottes Eindringen in die Seele mit seinen kostbaren Salbungen, so überlagern und unterbrechen sie diese mit sehr anderen Salbungen niederer Art, wie sie aus den spirituellen Übungen hervorgehen, um die sich die Seele nun wieder mühen soll. Der Unterschied zu der Ebene, die von der Seele schon erreicht war, ist ebenso groß wie der Unterschied zwischen Menschenwerk und Gotteswerk oder zwischen natürlich und übernatürlich. Doch das Schlimmste dabei ist, daß die Seele durch ihre Rückkehr zum natürlichen Bemühen die innere Einsamkeit und gesammelte Versenkung verliert. Damit endet auch das Meisterwerk, das

8 Juan mag hier an ein schon damals berühmtes Gedicht seiner Ordensmutter Teresa von Ávila gedacht haben, das den Gedanken von der Gottabbildlichkeit des Menschen in Versen ausdrückt, die Gott zu sprechen scheint: »Die Liebe hat in meinem Wesen/ dich abgebildet treu und klar;/ kein Maler läßt so wunderbar,/o Seele, deine Züge lesen.« Und: »In meines Herzens Tiefe trage/ ich dein Porträt, so echt gemalt:/ Sähst du, wie es vor Leben strahlt,/ verstummte jede bange Frage.« (Aus: Teresa von Ávila, Ich bin ein Weib und obendrein kein gutes, Herder, Freiburg 7/1990, E. Lorenz).

Gott in der Seele zu malen im Begriff war[8]. Was bleibt, sind Schläge auf das Hufeisen, die einerseits zerstören und andererseits nichts nützen.

46. Möchten doch jene, die Seelen leiten, bedenken, daß nicht sie die eigentlich Handelnden, Lenker und Beweger in diesem inneren Geschehen sind. Vielmehr ist es der Heilige Geist, der nie in seiner Sorgfalt für die Seelen nachläßt, während die Seelenführer nur Instrumente sind, die für den Glauben und das rechte Befolgen der Gesetze Gottes die Richtung weisen, jeweils dem Geist entsprechend, den Gott einer jeden Seele eingibt.
Darum darf die Sorge der geistlichen Führer nicht sein, wie sie die Seelen den eigenen Vorstellungen und Bedingungen unterwerfen, sondern daß sie zu erkennen suchen, wohin Gott die Seelen führen will. Und wenn sie das nicht zu sehen vermögen, sollen sie sie lassen und nicht beunruhigen. Sonst aber, in Übereinstimmung mit dem Weg, den Gott führt, mögen sie versuchen, den Seelen immer größtmögliche Einsamkeit, Freiheit und innere Ruhe zu verschaffen, indem sie ihnen die Gelassenheit ermöglichen, in der sie weder die leiblichen noch die geistigen Sinne an irgendetwas Äußeres oder Inneres binden. Denn es ist ja Gott, der die Seelen in diese Abgeschiedenheit führt, und die geistlichen Anleiter sollen sich nicht plagen und sorgen, indem sie denken, es geschähe nichts. Denn wenn auch die Seele nun untätig ist, tut doch Gott in ihr alles.
Die geistlichen Begleiter müssen sich bemühen, die Seele so frei und ledig zu machen, daß sie keinen spezifischen sinnlichen und übersinnlichen Erfahrungen mehr anhängt, daß sie

keine bestimmte Beglückung und Befriedigung oder sonstige Wahrnehmung mehr sucht, so daß sie in geistiger Armut ganz offen wird durch den ungetrübten Verzicht auf alles Kreatürliche. Denn das ist es, was die Seele selber beitragen kann, so wie es der Gottessohn riet, als er sagte: »Wer nicht allem entsagt, was er besitzt, kann mein Jünger nicht sein« (Lk 14,33). Was nicht nur vom bewußten Entsagen aller irdischen Güter zu verstehen ist, sondern auch vom Aufgeben geistlichen Begehrens, wie es die geistliche Armut meint, die der Gottessohn in den Seligpreisungen anspricht (vgl. Mt 5,3). Ist nun auf diese Weise die Seele von allem frei, ist sie leer und besitzlos bezüglich aller Dinge, was, wie wir schon sagten, ihr eigener Beitrag ist, so ist es unmöglich, daß Gott nicht das Seine tut, indem er sich ihr mitteilt, zumindest im Geheimen. Das ist sicherer noch als das Einfallen des Sonnenstrahls in eine unverstellte Ebene. Denn so wie die Morgensonne in dein Haus scheint, wenn du die Fensterläden öffnest, so wird auch Gott, »der als Hüter Israels weder schläft noch schlummert« (Ps 121.4), in die geleerte Seele eintreten und sie mit göttlichem Gut erfüllen.

47. Gott steht wie eine Sonne über den Seelen, um sich ihnen mitzuteilen. Mögen also die Seelenführer sich zufrieden geben, diese dafür nach der Maßgabe evangelischer Vollkommenheit vorzubereiten, was Nacktheit und Leere der Sinne und des Geistes bedeutet. Und die Seelsorger sollen nicht versuchen, weiterzugehen und etwas aufzubauen. Denn dieses Recht hat nur »der Vater der Gestirne, von dem alles Gute und Vollkommene zu uns herabkommt« (Jak 1,17). Wie denn auch David sagt: »Wenn nicht der Herr das Haus baut, müht

sich jeder umsonst, der es errichten will« (Ps 127,1). Und da der Herr ein übernatürlicher Baumeister ist, erbaut er in jeder Seele das Haus in übernatürlicher Weise, ganz wie er es wünscht. Dir kommt es zu, die Seele dafür so vorzubereiten, daß sie ihr übendes Bemühen und ihr natürliches Verlangen einstellt, denn damit verfügt sie weder über Geschick noch Kraft für das die Natur übersteigende Gebäude. Man kann in diesen Entwicklungsabschnitt viel eher störend als helfend eingreifen, und es kommt dir zu, die Seele für ihn vorbereitet zu haben, so wie es Gottes Sache ist, »ihre Schritte zu lenken«, wie es in den Weisheitssprüchen heißt (Spr 16,9), was bedeutet: zu den übernatürlichen Gütern, und zwar auf Wegen und Weisen, die weder du noch die Seele kennen.
Entgegne darum auch nicht: »Die Seele kommt nicht voran, weil sie nichts tut!« Wenn es auch wahr ist, daß sie nichts tut, werde ich dir eben gerade aus diesem Grunde des Nichtstuns beweisen, daß hier viel getan wird. Denn sobald der Verstand sich freimacht von seinen begrenzten Einzelerkenntnissen, seien sie nun natürlicher oder spiritueller Art, kommt die Seele voran. Und je mehr sie die von Natur auf Spezifisches gerichteten Einsichten und Erkenntnisvorgänge ruhen läßt, um so schneller kommt ihr Verstehen weiter auf dem Wege zum höchsten Gut.

48. Oder du wirst mir womöglich sagen, daß sie nicht weiterkommen kann, weil sie nichts unterscheidend erkennt. Dagegen halte ich, daß sie, wenn sie unterscheidend erkennen würde, nicht weiterkäme. Der Grund ist, daß Gott, auf den sich das Verstehen richtet, das Verstehen übersteigt. Er ist ganz unbegreiflich und dem Verstande unerreichbar. Wenn

also der Verstand etwas versteht, so bringt ihn das Gott nicht näher, sondern entfernt ihn eher von ihm. Darum muß ganz im Gegenteil der Verstand von sich selber und seiner Erkenntnisfähigkeit Abstand nehmen, um Gott näherzukommen, muß im Glauben gehen, muß glauben, statt zu erkennen. Auf diese Weise erlangt der Verstand die Vollkommenheit, denn einzig durch den Glauben und kein anderes Mittel vereint er sich mit Gott, und zu Gott gelangt die Seele eher nicht-verstehend als verstehend.

Darüber brauchst du dich aber nicht zu grämen, denn wenn der Verstand nicht zurückfällt – was er täte, wollte er sich mit unterscheidendem Erkennen und schlußfolgerndem Denken und anderen Verstehensarten beschäftigen, was er aber nicht tut, wenn er müßig bleibt – , dann kommt er voran. Schreitet er doch frei von allem, was ihn füllen und belasten könnte, denn nichts davon ist Gott, weil Gott, wie wir schon sagten, den Verstand übersteigt.

In diesem Falle von Vervollkommnung ist nicht-zurückfallen schon vorankommen, und das Weiterbringen des Verstehens geschieht durch tiefere Versenkung in den Glauben. Folglich ist es eine Verdunkelung, denn der Glaube ist Finsternis für den Verstand. Und weil also der Verstand nicht wissen kann, wie Gott ist, muß er notwendigerweise vertrauend und nicht verstehend auf ihn zugehen. Zu seinem Besten muß er sich so verhalten, wie du es verurteilst: Er darf sich nicht mit spezifischen Einsichten befassen, denn damit gelangt er nicht zu Gott, sondern wird eher unterwegs über die eigenen Füße stolpern.

49. Oder du könntest sagen, wenn der Verstand nicht unterscheidend erkennt, bleibt der Wille untätig und kann nicht

lieben, was man ja auf dem geistlichen Weg immer vermeiden sollte. Als Grund gibst du an, der Wille könne nur das lieben, was der Verstand erkennt. Das ist richtig, jedenfalls im natürlichen Tun und Wirken der Seele, bei dem der Wille nur liebt, was der Verstand unterscheidend versteht. Aber in der Kontemplation, von der wir hier sprechen, in der Gott, wie wir darlegten, selbst in die Seele einströmt, bedarf es keines unterscheidenden Wissens, noch muß die Seele Erkenntnisakte leisten, denn in einem einzigen Vollzug teilt ihr Gott Licht und Liebe zugleich mit. Das ist das übernatürliche liebende Innewerden, von dem wir sagen können, es sei wie ein heißes Licht, das wärmt, denn dieses Licht erweckt zugleich Liebe. Dem Verstande aber ist es unerkennbar und dunkel, denn es ist ja ein Innewerden durch Kontemplation, die, wie der heilige Dionysios [Areopagita] sagte, für den Verstand ein Strahl der Finsternis ist.

Darum findet sich die Liebe im Willen wie die Erkenntnis im Verstande. Und ebenso wie Gott die geistige Wahrnehmung dunkel und unmittelbar in den Verstand eingibt, jenseits aller Unterscheidungen des Erkennens, liebt auch der Wille ganz spontan ohne jedes Unterscheiden von Einzelerkenntnissen. Denn weil Gott göttliches Licht und göttliche Liebe ist, versieht er in seiner Selbstmitteilung diese beiden Vermögen, das heißt den Verstand und den Willen, zugleich mit Erkenntnis und Liebe. Und weil Gott selbst in diesem Leben nicht erkennbar ist, ist auch die Einsicht, wie ich schon sagte, dunkel. So geht es auch mit der Liebe im Willen.

Allerdings kommt es in dieser zarten Mitteilung vor, daß Gott in das eine Vermögen mehr eindringt und einströmt als in das andere, denn manchmal erfährt man mehr die Erkenntnis als die Liebe, das andere Mal mehr die Liebe als die Erkenntnis. Und schließlich auch nur Erkennen ganz ohne Lieben oder nur Lieben ganz ohne Erkennen. Um es noch einmal zusammenzufassen: ich sage, daß die Seele ohne das natürliche Erkennen mit dem Verstande nicht lieben könnte. Handelt es sich aber um das, was Gott in sie einströmen läßt, wie in die Seele, von der wir hier sprechen, so ist das etwas anderes. Denn Gott kann sich der einen Fähigkeit ohne die andere mitteilen. So kann er den Willen durch die Berühung mit seiner Liebesglut entflammen, ohne daß der Verstand dies versteht, so wie auch ein Mensch vom Feuer erwärmt werden könnte, ohne das Feuer zu erblicken.

50. So geschieht es, daß sich der Wille oft als entflammt und in Liebe bewegt erfährt, ohne dabei etwas Bestimmtes ausmachen zu können, während Gott ihn in die Liebe einweiht, so wie es die Braut im Hohenlied sagt: »Der König führte mich in den Weinkeller und weihte mich ein in die Liebe« (Hld 2,4). Darum besteht in dicscm Fallc kcin Grund zur Furcht wegen der Muße des Willens, der sich nun nicht mehr durch ein bestimmtes Wissen zur Liebe bewegen läßt, denn das Lieben besorgt nun Gott für ihn. Er macht den Willen heimlich liebetrunken, sei es mit oder ohne Hilfe der Kontemplation, wie wir schon sagten. Und was die Seele hier wahrnimmt, ist um so viel köstlicher und verdienstvoller als alle Liebeskraft, die sie aus Eigenem leisten könnte, wie der Beweger und Verursacher dieser Liebe, nämlich Gott selbst, mehr vermag.

51. Diese Liebe flößt Gott selber dem Willen ein, wenn dieser frei ist und losgelöst von anderen hohen und niederen Befriedigungen und Neigungen eigenmächtiger Art. Darum sehe der Wille zu, daß er frei sei von seinen Vorlieben. Denn wenn er sich nicht zurückwendet und keinerlei angenehme oder beglückende Erfahrung genießen will, obwohl Gott ihm nichts dergleichen schenkt, so kommt er voran, weil er in seinem Verzicht über alles hinwegsteigt und geradewegs auf Gott zugeht. Und wenn er Gott weder deutlich und wahrnehmbar erfährt, noch ihn in erkennbarer Weise liebt, erfreut er sich seiner doch in jenem unmittelbaren, dunklen und geheimen Einströmen mehr, als man es je durch Einzelwahrnehmungen vermöchte, denn nun sieht er deutlich, daß nichts so viel Befriedigung gibt wie jene einsame Ruhe. Er liebt nun Gott mehr als alles Liebenswerte, denn er hat alle anderen Beglückungen aufgegeben, die keine Anziehungskraft mehr für ihn besitzen.
Darum gibt es keinen Grund, sich zu grämen, denn wenn sich der Wille an keinen eigenmächtigen beglückenden Erfahrungen mehr freuen kann, kommt er voran. Und dieses Sich-nicht-Umwenden, um Greifbares zu umarmen, heißt vorwärts auf das Unerreichbare zugehen, also auf Gott. Es ist dabei aber kein Wunder, wenn er ihn nicht fühlt. Folglich muß der Wille eher ohne jede Stütze auf Gott zugehen, als sich an beglückenden und angenehmen Erfahrungen festzuhalten. Damit aber erfüllt er sehr wohl das Gebot der Liebe, das ein Lieben über alles ist, was nicht möglich wäre, ohne frei und bloß von allem zu sein.

52. Ebensowenig gibt es Grund zu Befürchtungen, wenn das Gedächtnis von allen Formen und bildhaften Vorstellungen

geleert ist. Denn da Gott weder Form noch vorstellbare Gestalt hat, geht das Gedächtnis form- und bildlos sicher und nähert sich Gott schneller. Je mehr es sich aber an die Vorstellung klammert, um so mehr entfernt es sich von Gott, und um so gefährdeter ist sein Weg, denn der undenkliche Gott paßt in keine Vorstellung.

53. Weil also diese geistlichen Führer die Seelen in ihrer ruhigen und einsamen Kontemplation nicht verstehen – denn sie sind selbst nie dahin gelangt und wissen, wie gesagt, nicht, was es bedeutet, über das meditierende Nachsinnen hinauszukommen – meinen sie, die Seelen seien aus Bequemlichkeit müßig, und stören sie auf und verhindern den ruhigen und stillen Frieden der Kontemplation, den Gott ihnen nach seinem Willen gibt. Stattdessen zwingen sie die Seelen auf den Weg des meditativen Denkens, der folgerichtig erzeugten inneren Bilder, kurz, sie verlangen jene innere Aktivität, gegen die die Seelen großen Widerwillen empfinden, weil sie Trockenheit und Zerstreuung bewirkt. Sie aber möchten in ihrer heiligen Muße und ruhigen, friedevollen Sammlung verbleiben. Weil in dieser jedoch der Sinn [die Gesamtheit der natürlichen Fähigkeiten] nichts zu ergreifen, nichts zu erfahren und zu tun findet, lassen sie sich vom Seelenführer überzeugen und versuchen nun wieder geistigen Genuß und Inbrunst zu fühlen, während man ihnen gerade das Gegenteil hätte anraten müssen. Da sie nun aber in ihre alte Weise nicht wieder zurückkönnen, deren Zeit vorüber und die nicht ihr Weg ist, beunruhigen sie sich doppelt mit dem Gedanken, verloren zu sein. Und die geistlichen Führer unterstützen sie noch in dieser Meinung, trocknen ihnen den Geist aus und nehmen ihnen

die kostbaren Salbungen, mit denen Gott sie in ihrer Ruhe und Einsamkeit versah. Damit aber fügen sie ihnen, wie ich schon sagte, großen Schaden zu und setzen sie Traurigkeit und Selbstvorwürfen aus[9]. Denn die Seelen verlieren das eine und quälen sich vergeblich wegen des anderen.

54. Diese Seelsorger wissen nicht, was Geist ist. Sie beleidigen und kränken Gott, der sich doch so sehr bemüht hatte, die Seele so weit zu bringen, indem sie sich mit plumper Hand in sein Werk mischen. Hatte doch Gott es sich viel kosten lassen, die Seelen so weit in diese von ihm so geschätzte Einsamkeit und geleerte Offenheit ihrer Vermögen und ihres Wirkens zu bringen, um zu ihrem Herzen sprechen zu können. Denn das ist es, was er immer wünscht. Darum nimmt er die Seele bei der Hand, darum führt er sie innerlich zu jener Fülle des Friedens und der Stille, in der er ihre natürlichen Fähigkeiten und Tätigkeiten ruhen läßt, mit denen sie zuvor die ganze Nacht vergeblich gearbeitet hatte[10]. So bringt der [Heilige] Geist sie zur Ruhe ohne Betätigung des Sinnes [der natürlichen Kräfte], denn weder der Sinn noch sein Wirken sind des Geistes fähig.

55. Und wie sehr Gott diese Ruhe, diesen Schlaf, also diese Aufhebung des Sinnes [der natürlichen Fähigkeiten] schätzt, läßt sich gut ablesen an jener bemerkenswerten und wirksamen Beschwörung im Hohenlied, in dem er sagte: »Bei den

9 Juan benutzt hier eine Redensart: »pónenla del duelo y del lodo«.

10 Anspielung auf das Wort des Petrus: »Herr, wir haben die ganze Nacht gearbeitet und nichts gefangen!« (Lk 5,5).

Gazellen und Hirschen der Flur beschwöre ich euch, Jerusalems Töchter, stört die Geliebte nicht und weckt sie nicht auf, bis es ihr selbst gefällt« (Hld 3,5). Damit will er zu verstehen geben, wie sehr er dieses Schlummern und diese einsame Selbstvergessenheit liebt, weil er sie mit zurückgezogen und einsam lebenden Tieren vergleicht. Aber diese geistlichen Führer wollen der Seele weder Rast noch Ruhe gönnen. Immer soll sie sich anstrengen und mühen, so daß Gott keine Gelegenheit zum Wirken gegeben wird, ja, das von ihm Begonnene vom Bemühen der Seele zerstört und vernichtet wird. Sie gleichen »den Füchsen, die die Blüte des Weinbergs« (Hld 2,15) der Seele zernagen, so daß sich der Herr durch den Mund Jesajas beklagt, indem er sagt: »Ihr habt meinen Weinberg abgefressen« (Jes 3,14).

56. Vielleicht irren solche Seelenführer ja in ehrlichem Eifer, weil sie es nicht besser wissen. Aber deshalb gibt es doch keine Entschuldigung für ihre vermessenen Ratschläge, die sie erteilen, ohne etwas vom Weg und vom Geiste zu kennen, der die Seele bewegt. Auch keine Entschuldigung für ihr grobes Eingreifen in das Unverstandene, womit sie Gottes Hand behindern, der weiß, um was es geht. Schließlich ist es keine Lappalie und eine nicht geringe Schuld, wenn man eine Seele ihr unschätzbares Gut verlieren macht und sie durch unverantwortlichen Rat in erheblicher Verwüstung zurückläßt.

Wer also aus Anmaßung irrt, während er doch, wie jeder mit einem Amt Betraute, zum Gelingen verpflichtet ist, wird je nach dem Schaden, den er anrichtete, der Strafe nicht entgehen. Denn die Angelegenheiten Gottes sind mit großer Behutsamkeit und offenen Auges zu behandeln, besonders wenn es um so Wichtiges und Kostbares geht wie um das Anliegen dieser Seelen, wobei durch rechtes Vorgehen ein nahezu unendlicher Gewinn zu erzielen ist, dem beim Mißlingen ein nahezu unendlicher Verlust gegenübersteht.

57. Aber auch wenn du jetzt, obwohl ich sie nicht sehe, irgendeine Entschuldigung für dich vorbringen willst, kannst du doch zumindest keine Entschuldigung für jemanden erwarten, der eine ihm anvertraute Seele niemals aus seiner Macht entläßt, motiviert durch wer weiß welche eitlen Absichten und Überlegungen. Er wird nicht ungestraft bleiben. Denn es ist sicher, daß jene Seele, die auf dem geistlichen Weg vorankommen soll, wobei immer Gott ihr hilft, die Art und Weise ihres kontemplativen Betens wechseln muß. Dazu bedarf sie eines anderen Geistes und einer höheren Anleitung als der bisherigen.
Denn weder haben alle Seelenführer das Wissen für alle Geschehnisse und Marksteine des geistlichen Weges, noch ist ihre Geistigkeit so umfassend, daß sie auf jeder Stufe des geistlichen Lebens wissen, wie nun die Seele behandelt und geführt werden muß. Zumindest darf man weder sich selbst alles zutrauen, noch meinen, Gott wolle jene Seele nicht weiterbringen. Nicht jeder, der Hobeln kann, versteht auch ein Bildnis zu schnitzen, nicht jeder, der schnitzen kann, vermag ihm auch den letzten Schliff zu geben, und nicht jeder, der ihm den letzten Schliff geben kann, versteht es auch zu bemalen; nicht jeder auch, der es bemalen kann, vermag dies mit letztgültiger Vollkommenheit. Denn niemand vermag dem Bildnis mehr zu geben als das, was er

beherrscht, und wenn er darüber hinausgehen will, verdirbt er es.

58. Das zeigt uns also: Wenn du dich auf nichts anderes verstehst als Hobeln, das heißt, wenn du die Seele nur zu weltlichem Verzicht und Überwindung ihrer Begehrlichkeiten führen kannst, oder wenn du ganz Bildschnitzer bist und es vermagst, ihr geistliche Meditationen aufzuerlegen, auf mehr aber verstehst du dich nicht: Wie willst du dann die Seele zur letzten Vollendung eines wertvollen Gemäldes führen? Denn das erreicht man weder durch Hobeln noch durch Schnitzen, auch nicht durch Skizzieren. Ist es doch das Werk, das Gott in der Seele zu vollbringen im Begriff ist!

Wenn du sie also mit deiner einseitigen Lehre bindest, wird sie zurückfallen oder zumindest nicht mehr vorankommen. Denn, so frage ich dich, was würde das für ein Bildnis, wenn du in der Seele immer nur hämmerst und hobelst, sie also nur ihre natürlichen Vermögen üben läßt? Wann wird ein solches Bild fertig? Wie und wann endlich erhält Gott Gelegenheit, es zu malen? Ist es denn möglich, daß du alle diese Künste beherrschst und dich für so vollkommen erachtest, daß jene Seele nichts weiter brauchte als dich?

59. Und einmal angenommen, daß du für eine bestimmte Seele ausreichst, weil es ihr vielleicht an Begabung zur Weiterentwicklung fehlt, so ist es doch wohl unmöglich, daß du für alle, die du nicht aus den Händen läßt, das nötige Können hast. Denn jede Seele wird von Gott einen anderen Weg geführt, du wirst kaum eine geistige Anlage finden, die Gott auch nur halbwegs in der gleichen Weise voranbringt wie eine andere. Denn wer kann sich schon mit dem heiligen

Paulus rühmen, er sei allen alles geworden, um alle zu gewinnen? (1 Kor 9,22).
Du aber tyrannisierst derart die Seelen, daß du ihnen die Freiheit nimmst und dir die ganze Weite der evangelischen Lehre anmaßt, indem du nicht nur Sorge trägst, daß keine dich verläßt, sondern, schlimmer noch, und ich schäme mich fast, es zu sagen, indem du dich aufführst wie ein eifersüchtiger Ehemann, wenn du erfährst, daß sie etwas mit einem anderen besprach. Wobei es doch möglicherweise in der Natur der Sache lag, sie nicht mit dir zu besprechen, oder daß Gott sie einem anderen zuführte, damit er sie lehre, was du nicht zu lehren vermagst. Eine solche Eifersucht hat nichts mit Gottes Ehre oder dem Wohl der Seele zu tun, und es geht nicht an, daß du dir einbildest, wer dich in dieser Weise verlasse, verlasse auch Gott. Vielmehr entspringt diese Eifersucht deinem Dünkel und deiner Anmaßung oder einem weiteren unvollkommenen Beweggrund.

60. Gottes Zorn über solche Seelenführer ist groß, und er verkündet durch den Propheten Ezequiel ihre Strafe: »Ihr nährtet euch von der Milch meiner Herde, und ihr kleidetet euch in ihre Wolle, aber ihr führt die Schafe nicht auf die Weide. Ich werde meine Herde von euch zurückfordern« (Ez 34,3,10).

61. Die geistlichen Führer müssen also den ihnen anvertrauten Seelen Freiheit geben, und sie sind verpflichtet, gute Miene auch dann zu zeigen, wenn diese sich aufmachen, um besseren Rat zu suchen. Denn sie wissen nicht, wodurch Gott eine jede Seele fördern will. Vor allem, wenn ihr die bisherige

Lehre nicht mehr gefällt, was beweist, daß sie mit ihr nicht mehr weiterkommt: sei es, weil Gott selbst sie nun führt, oder sei es, daß sie einen anderen Weg braucht als den des bisherigen Lehrers, oder auch, weil dieser seine Weise änderte. Die besagten geistlichen Führer müssen dann mit sich selbst zu Rate gehen, alles andere kommt aus törichtem Hochmut, aus Anmaßung oder sonstigem Anspruchsdenken.

62. Doch lassen wir dieses, um nun über andere Vorgehen geistlicher Führer zu sprechen, die schlimmer, ja, eine wahre Pest sind. Denn es kommt vor, daß, während Gott einige Seelen mit heiligen Wünschen salbt, so daß sie die Welt verlassen, ihr Leben ändern und Gott dienen wollen – denn Gott liebt das Weltliche nicht und schätzt sehr diese Art der Weltverachtung, wohin er selbst diese Seelen um ihrer Vollkommenheit willen geführt hat –, die geistlichen Führer davon abraten mit sehr menschlichen Gründen, die im Gegensatz zur Lehre Christi, zu seiner Demut und Entsagung stehen. Sie gehen dabei von ihrem Egoismus und ihren Vorlieben aus, oder sie fürchten, wo nichts zu fürchten ist, stellen Schwierigkeiten vor, zögern alles hinaus oder, was noch schlimmer ist, sie bemühen sich, der Seele den heiligen Wunsch aus dem Herzen zu reißen. Denn ihre Gesinnung ist wenig religiös, sie sind verweltlicht und Christus kaum angepaßt. Weil sie nicht durch die enge Pforte [seiner Nachfolge] gehen wollen, lassen sie auch andere nicht hindurch, so daß für sie die Drohung unseres Herrn aus dem Lukas-Evangelium gilt: »Wehe euch, die ihr die Schlüssel zur wahren Lehre weggenommen habt, die ihr nicht eintretet und auch andere nicht eintreten laßt« (Lk 11,52).

Denn diese haben sich wahrhaftig vor den Riegel und an die Schwelle der Himmelstür gestellt, wo sie jene am Eintritt hindern, die Rat bei ihnen suchen. Dabei wissen sie doch sehr wohl, daß Gott sie bestellte, damit sie nicht nur jene eintreten lassen und ihnen dabei helfen, sondern sie darüber hinaus zum Hineingehen auffordern im Sinne des Lukas-Evangeliums, in dem es heißt: »Sei hartnäckig und nötige die Leute zu kommen, damit mein Haus voll werde« (Lk 14,23). So ist der geistliche Führer ein Blinder, der die Seele ihren Weg, den Weg des Heiligen Geistes, verfehlen macht. Und das geschieht bei diesen Lehrern auf die verschiedenen Weisen, von denen hier die Rede war, bei den einen bewußt, bei den anderen unbewußt. Doch weder die einen noch die anderen werden ohne Strafe bleiben, denn sie verwalten ein Amt, das sie verpflichtet, sich über ihr Tun im Klaren zu sein.

Fortsetzung der Erklärung der dritten Strophe Gefahren und ihre Überwindung

63. Der zweite Blinde, von dem wir sagten, er könne die Seele an dieser Art der Versenkung hindern, ist der Teufel, der, weil er blind ist, will, daß auch die Seele es sei. Er ist neiderfüllt, wenn er sieht, wie die Seele in ihrer erhabenen Einsamkeit mit den köstlichen Salbungen des Heiligen Geistes versehen wird. Den Teufel ärgert dabei nicht nur diese Bereicherung, er sorgt sich vor allem, die Seele könne ihm davonfliegen und nicht mehr zu greifen sein. Denn darum wurde sie ja isoliert und von allem Kreatürlichen entblößt, ja, so entfernt, daß davon keine Spur blieb. Nun versucht der Teufel, ihr in diese Abgeschiedenheit ganze Wolkenbrüche von inneren Wahrnehmungen und etliche Nebel fühlbarer Erfahrungen zu senden, manchmal sogar gute, damit die Seele Nahrung finde und sich zurückwende zur früheren Methode des Arbeitens mit den sinnenhaften und natürlichen Kräften. Er hofft, daß ihr diese Erfahrungen und Wahrnehmungen [Visionen usw.] Eindruck machen und sie sich wieder mit ihnen einlasse, um sich Gott mit dieser Unterstützung nähern zu wollen.

So kann der Teufel sie leicht ablenken und aus jener Abgeschiedenheit und Versunkenheit herausholen, in der, wie wir darlegten, der Heilige Geist große Geheimnisse in ihr wirkt. Denn die Seele ist ja von sich aus geneigt, zu fühlen und zu genießen, vor allem, wenn sie den inneren Weg, den Gott sie führt, zwar wünscht, aber nicht versteht. Dann bleibt sie leicht hängen an diesen Wahrnehmungen und Erfahrungen, die der Teufel ihr schickt, und verläßt die Einsamkeit, in die Gott sie versetzte. Weil sie nämlich in jener Abgeschiedenheit und

Ruhe der inneren Vermögen nichts tat, scheint ihr das andere, in dem sie doch etwas tut, nun besser.
Und so geschieht das wirklich Bedauerliche; daß nämlich die Seele, um mit diesen Wahrnehmungen und Erfahrungen nur ein bißchen von Gott in sich aufzunehmen, sich die Möglichkeit nimmt, daß Gott sie gänzlich zu sich hereinhole[11]. Denn das tut Gott ja in dieser Abgeschiedenheit, in die er sie versetzt, er zieht sie in sein Inneres mittels jener einsamen mystischen Salbungen.

64. Auf diese Weise, und für so gut wie nichts, verursacht der Teufel schweren Schaden und läßt die Seele große Reichtümer verlieren, indem er sie im Meer der lauteren Wasser des Geistes, in die sie in Gott eingetaucht und versunken war, ohne Halt und Boden zu finden, mit seinem Köder fängt wie einen Fisch. So zieht er sie an Land, gibt ihr festen Grund, so daß sie wieder Fuß fasse und nicht schwimme in »den Wassern Siloes, die aus dem Schweigen kommen« (Jes 8,6) und sich nicht in Gottes Salbungen bade, sondern daß sie nun mühsam zu Fuß auf der Erde einhergehe.
Dies ist dem Teufel so wichtig, daß man sich nur wundern kann, wie ihm in diesem Falle ein [scheinbar] geringer Scha-

11 Juan spricht hier wörtlich von »Gott essen« und von ihm »gegessen werden«. Er kann das tun im Stile der spanischen Spiritualität seiner Zeit und wegen der schon erwähnten Gleichheit des Verbs »saber« (von lat. sapere) als wissen und schmecken, wobei entsprechend der Devotio moderna das Erfahrungsmoment hervorgehoben wird. Das spanische Theater seiner Epoche entwickelt eine Sinnenhierarchie Herren-Diener, in der den Herren das Sehen und Hören, den Dienern das Riechen, Schmecken und Tasten zukommt.

den mehr bedeutet, als vielen anderen Seelen groß zu schaden, wie wir schon sagten. Und es gibt kaum eine Seele auf diesem mystischen Wege, der er nicht erheblichen Schaden und große Verluste zufügte. Denn dieser Böse stellt sich hier schlau in den Durchgang zwischen Geist und Sinnen und täuscht und ködert die Seele mit eben der Sinnenhaftigkeit, indem er ihr, wie gesagt, Greifbares vorstellt. Die Seele denkt nicht an eine Gefahr, die sie hindern könnte, in die Innerlichkeit zu ihrem Bräutigam einzugehen. Sie bleibt vor der Tür, um zu sehen, was denn da draußen im Sinnenhaften geschieht. Schon Hiob sagte: »Der Teufel blickt auf alles Hohe« (41,25), das heißt, auf die geistige Höhe der Seelen, um sie anzufechten. Schlüpft sie dennoch an ihm vorbei und tritt ein in die hohe Kontemplation, konnte er sie also nicht ablenken in der schon beschriebenen Weise, so versucht er es wenigstens mit Schrecken, Ängsten und körperlichen Schmerzen, oder er arbeitet mit äußeren Reizen und Lärm, um sie auf die Sinne zu lenken, aus der Sammlung herauszuholen und vom inneren Geiste abzuziehen. Erst wenn das alles nichts hilft, läßt er von ihr ab.

Aber so sehr es der Teufel auch schätzt, gerade diese kostbare Seele und nicht viele andere zu Fall zu bringen, nimmt er es doch andererseits leicht, denn es kostet ihn wenig und ist für ihn einfach, ihre Reichtümer zu verwüsten und zu zerstören. Wir können in diesem Zusammenhang hören, was Gott zu Hiob sagte, nämlich: »Er wird einen Fluß aufnehmen, ohne sich darüber zu verwundern, und er traut sich zu, den ganzen Jordan zu verschlucken«, wobei der Jordan als höchste Perfektion zu verstehen ist. »Wie mit einer Angel fängt man ihn in den eigenen Augen, und mit Pfriemen wird man ihm die

Nase durchbohren« (Job 40,23-24; Vulg. 18-19.). Das heißt, der Teufel wird die Seele mit den scharfen Spitzen seiner Botschaften verwunden und so ihren Geist entweichen lassen. Denn die Luft, die gesammelt von der Nase eingesogen wird, verteilt sich in alle Gegenden, wenn die Nase durchbohrt ist. Und weiter heißt es: »Unter ihm sind die Sonnenstrahlen, und er bettet sich auf Gold wie auf Schlamm (Job 41,22). Denn er läßt erleuchtete Seelen die wunderbaren Strahlen göttlicher Botschaften verlieren, raubt ihnen das kostbare Gold göttlichen Schimmers und verstreut es[12].

65. O liebe Seelen! Wenn Gott euch so sehr begnadet, daß er euch in den Stand der Abgeschiedenheit und kontemplativen Versenkung versetzt, indem er euch von eurer mühsamen Sinnenarbeit trennt, kehrt nicht wieder zurück in diese Enge. Laßt ab von eurem Bemühen, das euch anfangs half, die Welt und euch selbst zu überwinden! Jetzt, da euch Gott würdigt, in euch zu wirken, würde euer Tun dies erheblich behindern und erschweren. Sorgt vielmehr dafür, daß sich eure Vermögen in nichts einmischen, löst sie von allem und verstrickt sie nicht, nur das könnt ihr unter diesen Umständen beitragen. Zusammen mit dem schlichten liebenden Aufmerken, von

12 Es wird hier bei Juan durch die Auslegung der Zitate nicht ganz klar, von wem jeweils die Rede ist, vom Teufel oder von der Seele. In der heutigen Einheitsübersetzung handelt es sich um Gott, der Hiob die ungeheure Kraft eines Nilpferdes vor Augen stellt, um ihm zu zeigen, daß er mit ihm nicht rechten kann. Was Juan am Leitfaden der Vulgata als Tatsachen auffaßt, sind nach heutigem Verständnis Fragen: Kann man es etwa mit der Angel fangen? usw. Vgl. Ruano über die Mehrdeutigkeit der Bibelauslegung bei Juan de la Cruz, Obras completas a.a.O. 1991, 32f.

dem ich schon sprach, und das ihr, wie ich sagte, nur anwenden sollt, wenn ihr dabei keinen inneren Widerstand überwinden müßt. Denn die Seele darf sich keine Gewalt antun, es sei denn, um sich zu lösen und zu befreien, damit der Friede und die Ruhe im Innern nicht gestört und beeinträchtigt werde. Gott wird euch mit himmlischer Speise stärken, wenn ihr ihn in diesem Punkte nicht behindert.

66. Der dritte Blinde ist die Seele selbst, die sich nicht mehr versteht und sich darum beunruhigt und schadet. Denn sie kann nur tätig sein durch Sinne und Denkbewegung, während Gott sie in jene Leere und Einsamkeit versetzen will, wo sie ihre Fähigkeiten nicht gebrauchen und darum nichts tun kann. Sieht sie aber dieses Nichtstun, versucht sie tätig zu werden, und so fällt sie aus der Sammlung heraus und wird angefüllt mit Trockenheit und Verstimmung, während sie doch zuvor die Ruhe des Friedens und das kontemplative Schweigen erfahren hatte, mit dem Gott sie im Geheimen verschönte.
Und es kommt vor, daß Gott darauf besteht, sie in dieser schweigenden Ruhe zu halten, und die Seele darauf beharrt, selbst mit der Imagination und dem Verstand arbeiten zu wollen. Damit verhält sie sich wie ein kleiner Junge, der, während die Mutter ihn auf den Armen trägt, schreit und strampelt, weil er mit eigenen Füßen gehen will. Und so kommt er selbst weder weiter, noch läßt er die Mutter weitergehen. Oder es ist wie bei einem Maler, der jemanden porträtieren will, der sich aber ständig bewegt, so daß der Maler nichts auf die Leinwand bringt oder aber durch zu vieles Übermalen das Gemälde verdirbt.

67. Die Seele muß sich in dieser Ruhe klarmachen, daß, auch wenn sie meint, nichts zu tun, sie doch besser vorankommt als mit den eigenen Füßen. Denn Gott trägt sie auf seinen Armen. Sie fühlt also die Schritte nicht, obwohl sie mit Gottes Schritten schreitet. Und wenn sie auch selbst mit ihren Vermögen untätig ist, tut sie doch mehr als ihr möglich wäre, denn Gott ist der Tätige. Es ist aber kein Wunder, daß sie das nicht merkt, denn was zu dieser Zeit Gott in ihr wirkt, erreicht nicht das Bewußtsein (sentido), denn es geschieht im Schweigen. Wie auch der Weise sagt: »Die Worte der Weisheit hört man im Schweigen« (Koh 9,17). Überlasse sich doch die Seele Gottes Händen und begebe sich weder in die eigenen noch in die Hände der beiden anderen Blinden. So, wie dann die Dinge stehen, wird sie sicher gehen, sofern sie sich nicht mit den eigenen Fähigkeiten einmischt.

68. Kehren wir nun also zurück zur Erläuterung der *tiefen Höhlen* der Seelenvermögen. Wir hatten gesagt, daß das Leiden der Seele tief sein kann, wenn Gott sie mit den Salbungen des Heiligen Geistes vorbereitet, um sie mit sich zu vereinen. Diese Balsame sind so kostbar und von so feiner Konsistenz, daß sie bis ins innerste Wesen des Seelengrundes eindringen. Die zubereitete und vom Duft durchdrungene Seele verfällt nun in ein maßloses Sehnen, so daß das Leiden der leeren Höhlen unermeßlich wird. Hierzu müssen wir folgendes anmerken: Wenn schon die auf die mystische Ehe mit Gott vorbereitenden Salbungen für die Höhlen so wertvoll sind, wie wir es schilderten, was sollen wir dann erst denken von der Erkenntnis, Liebe und Herrlichkeit, die Verstand, Wille und Gedächtnis in der Gotteinung besitzen werden? Ganz gewiß sind Befriedigung, Sättigung und

Seligkeit dem Durst und Hunger in den Höhlen angepaßt, weil der Qualität der Zubereitung die Vollkommenheit des Besitzes und der Genuß des Seelensinnes entsprechen.

69. Unter »Sinn« der Seele wird hier die Kraft und Befähigung verstanden, über die der Seelengrund verfügt, um die Objekte der geistigen Vermögen, durch die man sich der Weisheit, der Liebe und der Mitteilung Gottes erfreut, zu erfahren und zu genießen[13]. Darum nennt der obige Vers die drei Vermögen Gedächtnis, Verstand und Willen *die tiefen Höhlen des Sinnes*, weil die Seele durch ihre Vermittlung zutiefst die Herrlichkeit göttlicher Weisheit und göttlicher Vortrefflichkeiten erfährt. Weshalb die Seele hier sehr richtig von *tiefen Höhlen* spricht. Denn da sie wahrnimmt, daß sie die tiefen Bedeutungen und Strahlen der feurigen Leuchten aufnehmen, erkennt sie, daß sie soviel Fassungskraft und Weite besitzt, wieviel sie von Gott an verschiedenen Einsichten, Erkenntnissen, Freuden, Lust und Beglückung empfängt. Alles dieses wird vom Seelensinn aufgenommen, der, ich wiederhole es, die Kraft und Befähigung der Seele ist, alles zu erfahren, zu besitzen und zu genießen, was ihr die Höhlen der Seelenvermögen zukommen lassen. Das ist dem Gemeinsinn der Phantasie vergleichbar, dem die Körpersinne die Formen ihrer Gegenstände senden, so daß er ihnen als Schatztruhe und Archiv dient.

13 Juan gebraucht »sentido« (Sinn) selten in dieser weitesten Fassung als Seelengrund, in dem die drei Seelenvermögen als Einheit wurzeln – ein Abbild der göttlichen Dreifaltigkeit. Vgl. die Anmerkungen Str. II,12 und Str. III,11. Zu den »geistigen Sinnen« im Gesamtwerk siehe 2 Subida 23,2-3.

Darum ist der Gemeinsinn der Seele, der zur Schatztruhe und zum Archiv der göttlichen Herrlichkeiten wurde, um so reicher und erleuchteter, je mehr er von diesem hohen und lichten Gut erhält.

Der dunkel war und blind

70. Dieser Vers bezieht sich, das ist klar, auf den Zustand, ehe Gott die Seele erhellte und erleuchtete. Man versteht es, wenn man weiß, daß der Gesichtssinn auf zweierlei Arten am Sehen gehindert werden kann: entweder weil es dunkel oder weil er blind ist.
Gott ist das Licht und die Bestimmung der Seele. Wenn dieses Licht sie nicht erleuchtet, ist sie *im Dunkeln*, wie vorzüglich auch immer ihr Sehvermögen sein mag. Fällt sie aber in Sünde oder richtet sich ihr Begehren auf etwas anderes als Gott, so ist sie *blind*. Und auch wenn dann Gottes Licht in sie einfällt, sieht sie es nicht, weil sie blind ist. Die Dunkelheit ist die Unwissenheit der Seele, die, ehe Gott sie für diese Verwandlung erleuchtete, dunkel und unwissend war bezüglich all der göttlichen Vollkommenheiten, wie denn auch der Weise von seinem Dasein vor der Erleuchtung sagt: »Meine Unwissenheit hat er erleuchtet« (Vulg Sir 51,26).

71. Spirituell gesprochen: eine Sache ist es, im Dunkeln zu sein, und eine andere, im Finstern. Denn im Finstern sein heißt blind sein, nämlich, wie wir schon sagten, in Sünde[14].

14 Diese Bedeutung von Finsternis benutzt Juan an anderen Stellen seines Werks nicht. Dort werden Dunkel und Finsternis nur gradmäßig oder poetisch unterschieden.

Im Dunkeln aber kann man ohne Sünde sein, und das auf zwei Weisen, nämlich: Es fehlt einem an Licht hinsichtlich des Natürlichen, oder es fehlt an Licht hinsichtlich des Übernatürlichen[15]. Und von beidem sagt die Seele, daß ihr Inneres vor dieser erlesenen Salbung im Dunkeln war.

Denn ehe der Herr sprach »Es werde Licht!«, lag Finsternis über dem Seelengrund, der um so abgründiger und von tieferer Höhlung ist, je abgründiger und tiefer auch Finsternis ihm das Übernatürliche verbirgt, weil Gott, der sein Licht ist, ihn nicht erhellt. So ist es denn der Seele weder möglich, die Augen zum göttlichen Licht zu erheben, noch es auch nur zu denken, denn da sie es niemals sah, weiß sie nicht, wie es ist. Darum kann sie es auch nicht begehren, eher begehrt sie die Finsternis, die ihr vertraut ist, und geht so, von Finsternis geführt, von Finsternis zu Finsternis. Denn eine Finsternis kann nichts anderes mit sich bringen als eine weitere Finsternis.

Darum auch sagt David: »Der Tag sagt es dem Tag, und die Nacht tut es der Nacht kund« (Ps 19,3). So »ruft ein Abgrund den anderen« (Ps 42,8), das heißt, ein Abgrund des Lichts ruft einen anderen Abgrund des Lichts, und ein Abgrund der Finsternis ruft einen anderen Abgrund der Finsternis, denn jedes ruft nach Seinesgleichen, um sich ihm zu verbinden. So ruft auch das Gnadenlicht Gottes, das dem Seelenauge den Abgrund ihres Geistes erleuchtet hatte, einen anderen Abgrund der Gnade, sobald sich das Auge dem göttlichen Licht öffnet und es ihm wohltut. Und das ist die göttliche Verwandlung der Seele in Gott, durch die das innere Auge

15 Vgl. die Anmerkungen Str. I,29 und Str. III,13.

so hell und angenehm vor Gott wird, daß wir sagen können, Gottes Licht und das Licht der Seele seien nur ein einziges Licht. Das natürliche Licht der Seele leuchtet, dem übernatürlichen geeint, mit ihm nun einzig als übernatürliches [göttliches] Licht. So wie einst das von Gott erschaffene Licht sich dem der [späteren] Sonne einte und seither allein das Sonnenlicht scheint, dem doch das von Gott erschaffene Licht nicht fehlt (Vgl. Gen 1,3-5.14-18).

72. Die Seele war auch blind, soweit sie sich noch an anderem als an Gott erfreute. Denn die Blindheit des urteilenden und höheren Sinnes ist ein Begehren, das sich über das Auge der Vernunft legt wie eine Wolke oder ein grauer Star, damit sie nicht sehe, was sie vor sich hat. Folglich, soweit ihr der Sinn eine Befriedigung vorstellte, war sie zu blind, um die Herrlichkeiten an göttlichem Reichtum und Schönheit wahrzunehmen, die jenseits der Wolke oder des Stars waren. Denn es ist ja so, daß etwas ganz Kleines, das man sich vor die Augen hält, genügt, um nichts mehr von dem zu sehen, was vor einem ist, wie groß es auch immer sein mag. So genügt schon ein leichtes Begehren oder ein der Bequemlichkeit Nachgeben, um dem Blick der Seele diese göttlichen Herrlichkeiten zu verdecken, die jenseits des Begehrens und der Lust der Seele sind.

73. O wenn sich doch ausdrücken ließe, wie unmöglich es für die noch an ihr Begehren gebundene Seele ist, Gottes Dinge, so wie sie sind, zu beurteilen. Denn um darüber ein sicheres Urteil zu fällen, muß man Lust und Begehren beiseite lassen, damit sie einen nicht beeinflussen, denn sonst geschieht

es unausweichlich, daß man Gottes Dinge für nicht von Gott kommend hält, und das was nicht von Gott kommt, für göttlich. Weil man mit jenem durch eine Wolke oder den Star getrübten Auge der Beurteilung nichts anderes sieht als die Wirkung des Stars, bald in dieser und bald in jener Farbe, wie es sich eben bietet. Dann meint man, daß dieser graue Star Gott ist, denn man sieht ja nur ihn, der sich auf den Gesichtssinn legt. Gott aber gehört nicht in das Gebiet des Sinnes. Auf diese Weise verhindern Lust und Begehren die Kenntnis hoher Dinge. Das gibt der Weise sehr gut mit folgenden Worten zu verstehen: »Die Täuschung des Eitlen verdunkelt das Gute, und die Unbeständigkeit der Begierden verwirrt den arglosen Sinn«, nämlich die gute Urteilskraft (Weish 4,12).

74. So kommt es, daß Kontemplative, die von ihrem Begehren und Luststreben noch nicht so geläutert sind, daß nicht auch noch Weltliches darin enthalten wäre, die geistig niedrigsten und primitivsten Dinge für etwas Großes halten, weil sie damit dem begrenzten Bewußtsein, aus dem sie noch leben, am nächsten kommen. Das Wertvollere aber, das vom Geist hoch Geschätzte, das also, was sich von solchem Bewußtsein am meisten entfernt, halten sie für gering und achten es nicht. Machmal halten sie es sogar für Unsinn, so wie es der heilige Paulus erklärt, indem er sagt: »Der irdisch gesinnte Mensch nimmt Gottes Dinge nicht wahr. Sie sind Torheit für ihn, und er kann sie nicht verstehen« (1 Kor 2,14). Unter dem irdisch gesinnten Menschen wird hier jener verstanden, der noch mit seinem natürlichen Begehren und Luststreben lebt. Denn wenn auch im Sinnenhaften einiges dem Geiste entspringt, bleibt

es doch nur natürliches Begehren, wenn der Mensch es mit diesem ergreifen will. Denn es bedeutet wenig, wenn der Gegenstand oder das Erstrebte übernatürlich sind, solange das Begehren eben aus dem Natürlichen kommt. Wurzelt es in ihm und erhält aus ihm seine Kraft, so bleibt es natürliches Begehren, denn es ist nach Natur und Wesen nicht anders als bei einem irdischen Beweggrund und Anliegen.

75. Du wirst mir also sagen: Daraus folgt, daß, wenn die Seele Gott begehrt, sie damit ihre Natur nicht übersteigt und darum dieses Begehren vor Gott auch keinen Wert hat. Darauf antworte ich: Das wahre Sehnen nach Gott kommt nicht aus dem natürlichen Begehren. Es wird vielmehr von Gott eingegeben, übersteigt die Natur und empfängt aus ihm seine Kraft. Darum ist es sehr verschieden vom natürlichen Begehren, das nur wenig taugt oder nichts, solange Gott dieses Sehnen nicht eingibt. Wenn du nämlich von dir aus Gott begehrst, so ist das deine natürliche Begierde und wird es auch bleiben, bis Gott sie ins Übernatürliche umformen will. Wenn sich daher dein Wünschen an Geistliches heftet und du nach mystischer Erfahrung strebst, betätigst du nur dein natürliches Begehren. Dann hast du im Auge den Star und bist erdverhaftet. Und so kannst du das Geistliche, das alles Sinnenhafte und alles natürliche Begehren übersteigt, weder verstehen noch beurteilen. Solltest du noch Zweifel hegen, so kann ich dich nur bitten, das Gesagte noch einmal zu lesen. Vielleicht wirst du dann verstehen, daß hier der Kern der Wahrheit ausgesprochen wurde, der nicht duldet, daß ich mich weiter darüber verbreite.

76. Dieser Seelensinn nun, der zunächst *dunkel war* ohne das göttliche Licht *und blind* in seinem Begehren und seinen Verhaftungen, wird durch die göttliche Vereinigung mit Gott nicht nur in seinen *tiefen Höhlen* erleuchtet und erhellt, sondern ist jetzt selbst zu strahlendem Licht geworden, das von den Höhlungen der Seelenvermögen ausgeht,

Die mit wundersamer Vollendung
ihrem Geliebten vereint Glut und Licht schenken

77. Weil nämlich diese Höhlen der Seelenvermögen schon so wunderbar und staunenswert vom herrlichen Glanz der in sie einstrahlenden Leuchten erfüllt sind, daß sie, wie wir sagten, selbst darin brennen, senden sie über die eigene Hingabe hinaus nun eben diesen Glanz der Liebesherrlichkeit, den sie empfingen, in Gott an Gott. Sie wurden im Strahlen der göttlichen Leuchten selbst zu brennenden Leuchten, die, in Gott Gott zugewandt, *ihrem Geliebten* dasselbe *Licht* und dieselbe *Glut* der Liebe schenken, die sie empfangen. Denn sie geben nun so, wie sie empfangen, schenken mit derselben Vollendung, mit der sie beschenkt werden. So wie es ja auch das Glas tut, wenn Sonnenlicht darauf fällt: es sendet selber Strahlen aus. Allerdings spielt sich das zuvor Erwähnte in höherer Weise ab, weil hier die Bewegtheit des Willens mitwirkt.

Mit wundersamer Vollendung

78. Das bedeutet: fremdartig und fern allem üblichen Denken sowie jeder Art und Weise, absolut unschätzbar. Denn so vollendet, wie der Verstand in seinem Einswerden mit Gott die göttliche Weisheit empfängt, ist auch die Vollkommenheit,

mit der die Seele das Empfangene zurückgibt. Die Weise ihres Schenkens entspricht der des Beschenktwerdens. Und so vollendet, wie der Wille Gott in Gutheit geeint ist, schenkt er auch Gottes Gutheit an Gott. Denn er erhält sie nur, um sie weiterzugeben. Entsprechend seiner Erkenntnis der Größe Gottes, in die er einbezogen ist, leuchtet er und schenkt Liebesglut. Und entsprechend den Vollkommenheiten der göttlichen Attribute, die sich der Seele mitteilen, wie Stärke, Schönheit, Gerechtigkeit usw., ist die Vollendung, mit der der Seelensinn sie erfährt und dem Geliebten seinerseits schenkt. Er tut dies mit eben dem Licht und eben der Glut, die er von seinem Geliebten erhält. Denn indem die Seele eins mit Gott wurde, ist sie in gewisser Weise Gott durch Teilhabe, wenn auch noch nicht so vollkommen wie im ewigen Leben, sondern, wie wir schon sagten, als Schatten Gottes. Und weil sie durch wesenhafte Umwandlung zu Gottes Schatten wurde, tut sie entsprechend in Gott durch Gott das, was er in ihr aus sich selber und in seiner Weise wirkt. Denn beider Wille ist eins, und so sind auch Gottes und ihr eigenes Wirken eins. Darum, weil sich ihr Gott aus freiem und gnadenvollem Willen schenkte, kann auch sie, deren Wille um so freier und großherziger wird, je mehr sie Gott geeint ist, Gott in Gott an eben diesen Gott schenken, und die Gabe ist ganz und wahrhaft die ihre.

Hier sieht nämlich die Seele, daß Gott wahrhaftig der Ihre ist und daß sie ihn als Erbschaft besitzt mit dem Eigentumsrecht des Adoptivkindes Gottes. Denn Gott in seiner Gnade machte ihr diese Schenkung seiner selbst, und als ihr Eigentum kann sie ihn schenken und mitteilen, wem ihr Wille will. So gibt sie ihn denn Gott, ihrem Geliebten, der sich ihr schenkte.

Und sie bleibt auf diese Weise nicht Schuldnerin, denn ihr Wille gibt Gott ebensoviel, wie er von ihm erhielt.

79. Weil mit dieser Gabe die Seele Gott den Heiligen Geist als ihr Eigentum aus freien Stücken schenkt, damit er in ihm geliebt werde, wie er es verdient, ist sie unsäglich beglückt und froh, denn sie sieht, daß sie von sich aus Gott etwas geben kann, was seinem unendlichen Sein entspricht.
Zwar ist es richtig, daß die Seele nicht Gott noch einmal an Gott schenken kann, denn er ist in sich immer ganz er selbst. Aber die Seele tut es doch insofern, als sie ihm wirklich und vollkommen das zurückgibt, was sie von ihm erhielt, um Liebe zu gewinnen. Sie schenkt also so viel, wie sie erhält. Gott freut sich über diese Gabe (über weniger würde er sich nicht freuen!) und nimmt sie mit Dank als etwas an, was von der Seele selbst kommt. In der Gabe liebt er wiederum die Seele, und in dieser Rück-Übergabe Gottes liebt ihn die Seele aufs Neue.
So bildet sich zwischen Gott und der Seele eine gegenseitige Liebe in harmonischer Vereinigung und ehelicher Übereignung. Beider Gut ist das göttliche Wesen, und jeder besitzt es frei durch die freiwillige Hingabe des einen an den anderen. Sie haben es also beide gemeinsam, und der eine spricht zum anderen das, was im Johannes-Evangelium der Sohn Gottes zum Vater sagte: »Omnia mea tua sunt et tua mea sunt, et clarificatus sum in eis« (Joh 17,10). Was bedeutet: »Alle meine Güter sind dein, und die deinen sind mein, und in ihnen bin ich verherrlicht.« Das geschieht im ewigen Leben ununterbrochen in der vollkommenen Seligkeit. Aber im jetzigen Zustand der Unio mystica findet es statt, wenn Gott

die Verwandlung der Seele vollzieht, wenn auch noch nicht mit letzter Vollkommenheit. Daß jedoch die Seele dieses Geschenk machen kann, obwohl es wesensmäßig ihr Sein und ihre Fähigkeiten übersteigt, ist klar, so wie ja auch jemand, der über Völker und Königreiche verfügt, die belangvoller sind als er selbst, sie dennoch schenken kann, wem er will.

80. Und dieses ist die große Erfüllung und Freude der Seele: Zu sehen, daß sie Gott mehr gibt, als sie von sich aus ist und hat, und mit demselben göttlichen Licht und derselben göttlichen Glut, die ihr geschenkt werden. Im ewigen Leben ermöglicht dies das Licht der Herrlichkeit. In diesem Leben der hell durchstrahlte Glaube. So daß also *die tiefen Höhlen des Sinnes*

Mit wundersamer Vollendung
Ihrem Geliebten vereint Glut und Licht schenken

Es heißt *vereint*, weil sich der Vater, der Sohn und der Heilige Geist in Einheit der Seele mitteilen und in ihr Licht und Liebesfeuer sind.

81. Und die Vollendung, mit der die Seele schenkt, wollen wir hier kurz ein wenig näher bestimmen. Man muß dabei bedenken, daß sie vom Glück der Gotteinung ihres Denkens und Fühlens eine gewisse Vorstellung erhält, und daß sie in ihrer Freude die Verpflichtung fühlt, die ihr aus solcher Gnade erwächst. Und so haben ihre Gabe Gottes an Gott und ihre eigene Hingabe mehrere Weisen. Denn hinsichtlich der Liebe verhält sich die Seele *mit wundersamer Vollendung*, ebenso bezüglich der Gottseligkeit. Auch nicht minder, was die Lobpreisungen und gleichfalls, was den Dank betrifft.

82. In der Liebe verfügt die Seele über drei grundsätzliche Arten der Vollendung. Erstens liebt sie jetzt Gott nicht aus Eigensucht, sondern um seinetwillen. Das ist eine bewundernswerte Vollkommenheit, denn sie liebt durch den Heiligen Geist so, wie der Vater und der Sohn sich lieben, wie ja auch der Sohn im Johannes-Evangelium sagt: »Damit die Liebe, mit der du mich geliebt hast, in ihnen sei und ich in ihnen« (17,26). Die zweite Vollendung bedeutet, Gott in Gott zu lieben, denn in dieser Einung geht die Seele leidenschaftlich in Gottesliebe auf, und gibt sich Gott der Seele mit großer Leidenschaft hin. Die dritte Art der Vollendung liebt Gott als den, der er ist. Er wird also nicht nur geliebt, weil er sich ihr gegenüber als großmütig, gut, herrlich usw. erweist, sondern mehr noch, weil er in sich selbst dieses alles wesenhaft ist.

83. Und hinsichtlich dieser Bilder der Erfüllung gibt es für die Seele drei weitere wundersame und grundlegende Vollendungen. Erstens erfährt die Seele Gott durch Gott selbst. Denn sie eint ihren Verstand mit der Allmacht, Weisheit, Gutheit usw., wenn auch noch nicht so klar wie im ewigen Leben. Aber sie ist doch gewaltig beglückt im Verstehen dieser Dinge im einzelnen, wie wir oben schon erklärten. Die zweite Vollkommenheit dieses Glückes ist die rechte Freude in Gott allein, ganz ohne irgendeine kreatürliche Beimischung. Die dritte Art der Vollendung nimmt Gott als den wahr, der er ist, ganz ohne irgendwelche Einmischung von Selbstbezogenheit.

84. Was nun das Gotteslob angeht, so kennt die Seele in dieser Einung wiederum drei vollendete Weisen. Erstens drängt es sie innerlich dazu, denn sie sieht, daß Gott sie zu

seinem Ruhme geschaffen hat, wie denn bei Jesaja gesagt ist: »Dieses Volk habe ich für mich geformt. Es soll mein Lob verkünden!« (Jes 43,21). Zweitens preist sie Gott für das Gute, das sie empfängt, und für das Glück, das sie bei seinem Lobpreis empfindet. Drittens rühmt sie Gott um seiner selbst willen, denn auch wenn die Seele von ihm keinerlei Glück empfinge, würde sie ihn doch preisen, weil er ist, der er ist.

85. Auch hinsichtlich des Dankes gibt es noch drei weitere Weisen. Die erste dankt Gott für die natürlichen und geistigen Gaben und Begnadungen. Die zweite ist die große Freude, Gott in Dankbarkeit zu preisen, worin die Seele mit großer Leidenschaft aufgeht. Die dritte Weise der Vollendung dankt und preist Gott allein für das, was er ist. Deshalb ist diese noch viel ausgeprägter und beglückender[16].

16 In den spanischen Editionen ist am Schluß wieder das Lob (alabanza) erwähnt, nicht aber, wie Juan ankündigte und wie es seinem vorgegebenen Schema entspricht, der Dank. Als Übersetzerin habe ich mir erlaubt, hier ein Versehen (möglicherweise des Autors selbst) anzunehmen und die Aussagen zugunsten von »Dank« (agradecimiento) zu erweitern.

Erklärung der vierten Strophe
Das Erwachen im Gottessohn zum dreifaltigen Leben

Wie sanft und liebevoll
Erwachst du in meinem Herzen,
Darin du allein verborgen wohnst.
Und mit dem Wohlgeruch deines Atems,
Erfüllt von Heil und Herrlichkeit,
Wie innig machst du mich lieben!

1. Die Seele wendet sich ihrem Bräutigam hier in großer Liebe zu. Sie dankt ihm für zwei wunderbare Wirkungen, die er sie in der Einung manchmal erfahren läßt und die sie sehr zu schätzen weiß. Sie gibt kund, auf welche Weise er in ihr wirkt und was in ihr Folge dieses Wirkens ist.

2. Die erste Wirkung ist das Erwachen Gottes in der Seele und wie es in Sanftheit und Liebe geschieht. Die zweite Wirkung ist der Atem Gottes in der Seele, und ihre Weise ist die des Heils und der Herrlichkeit, die sich durch den Atem mitteilen. Und der innerseelische Vorgang ist ein innig-zärtliches Entflammtsein in Liebe.

3. Es ist, als spreche sie: »Dein Erwachen, o Wort und Bräutigam, in der Mitte meines tiefsten Grundes, in meinem reinsten und innersten Wesen, *darin du verborgen* und schweigend als mein alleiniger Herr *wohnst*: Nicht nur wie in deinem Hause, nicht nur wie auf deinem eigenen Lager, sondern auch

wie in meinem Herzen selbst[1], mir eng und innerlich geeint. Und *wie sanft und liebevoll* ist dein Erwachen! Du einst dich mir in höchster Sanftheit und Liebe! Und der *Wohlgeruch deines Atems*, den du mir mit diesem Erwachen lieblich zuhauchst, ist *voller Heil und Herrlichkeit. Wie innig machst du mich lieben* und machst mich dir zugetan!
Die Seele spricht hier im Gleichnis eines Schläfers, der mit einem tiefen Atemzug erwacht. Denn wirklich, so erfährt sie es.
Und nun folgen die Verse:

Wie sanft und liebevoll
Erwachst du in meinem Herzen

4. Es gibt viele Arten des Erwachens Gottes in der Seele. Wollten wir alle aufzählen, kämen wir an kein Ende. Aber dieses Erwachen des Gottessohnes gehört aus meiner Sicht zu den größten und erhabensten Gnaden, die einer Seele zuteil werden können. Denn das Wort regt sich im Seelengrunde mit einer Kraft, Macht und Herrlichkeit und mit einer so alles durchwaltenden Süße, daß die Seele meint, alle Blumendüfte und Wohlgerüche der Welt durchströmten sie und die Lieblichkeit bewege die Reiche und Mächte der Erde und des Himmels. Mehr noch: die Kräfte und Vollkommenheiten, das Wesen und die gnadenvolle Schönheit alles Geschaffenen leuchten auf und schwingen in jedem Geschöpf einzeln und gemeinsam in gleicher Bewegung.

1 »Seno« läßt sich als Brust, Busen, Herz und Schoß übersetzen, dieses alles schwingt in dem einen Wort mit. Juan liebt solche Bedeutungsfächer. Zur semantischen Vieldeutigkeit vgl. Hinführung.

Und weil – wie der heilige Johannes sagt – »alles in ihm Leben war« (Joh 1, 4) oder – wie es in der Apostelgeschichte heißt – »wir in ihm leben, in ihm sind und uns bewegen« (Apg 17,28), geschieht es, daß, wenn dieser große Herrscher, der – wie Jesaja sagt – »sein Reich auf der Schulter trägt« (Jes 9,6), sich in der Seele bewegt, sich alles zu bewegen scheint: Die drei Kreise des Himmels, der Erde und der Hölle (Phil 2,10) und was darinnen ist, die er »trägt«, wie der heilige Paulus sagt, »durch sein machtvolles Wort« (Hebr 1,3): Alles scheint sich gleichzeitig in eine Richtung zu bewegen, so wie die Bewegung der Erde alle Gegenstände mitnimmt, die auf ihr sind, als wären sie nichts[2]. Ebenso ist es, wenn sich dieser Fürst bewegt, der seinen Hofstaat trägt und nicht von ihm getragen wird.

5. Wenn auch dieser Vergleich etwas hinkt, weil sich hier nun die Geschöpfe nicht nur bewegen, sondern auch die Schönheit ihres Seins offenbaren, ihre Kraft, ihre Anmut und ihren Liebreiz, dazu die Wurzel ihrer Dauer und ihres Lebens. Denn die Seele erschaut hier, wie alle Geschöpfe des Himmels und der Erde aus ihm Leben und Kraft und Bestand haben, und sie erkennt klar den Sinn seiner Worte im Buch der Sprichwörter: »Durch mich herrschen die Könige, regieren die Fürsten und sprechen die Mächtigen Recht, das sie verstehen« (Spr 8,15-16). Und wenn es auch wahr ist, daß die Seele hier den Unterschied alles dessen zu Gott wahrnimmt, weil es sich um Geschaffenes han-

2 Juan zeigt sich hier als früher Verfechter des kopernikanischen heliozentrischen Systems, das – vor Galilei! – zu seiner Studienzeit an der Universität Salamanca gelehrt wurde.

delt, dessen Kraft, Stärke und Wurzel in ihm zu finden sind, sieht sie doch auch, daß Gott im unendlich Übersteigenden seines Seins dieses alles ist. So daß man das Sein der Dinge in ihm besser erkennt als in ihnen selbst.

Und das ist die große Freude dieses Erwachens: Die Geschöpfe durch Gott zu erkennen und nicht Gott durch die Geschöpfe. Denn das heißt die Wirkung aus ihrer Ursache ableiten und nicht die Ursache aus ihrer Wirkung. Letzteres wäre sekundäre Erkenntnis, erstere ist wesentlich.

6. Es ist erstaunlich, wie es zu dieser Bewegung in der Seele kommt, da Gott doch eigentlich unbewegt ist. Das heißt, obwohl Gott sich in Wirklicheit nicht bewegt, scheint es ihr doch, daß er sich wahrhaft bewege, weil nämlich die Seele von ihm bewegt und erneuert wird, damit sie zu seiner die Natur übersteigenden Schau gelange. Und so enthüllt sich ihr das göttliche Leben und in ihm die bewegte Harmonie alles Geschaffenen als etwas Neues, und muß sie meinen, daß es Gott ist, der sich bewegt, wobei sie die Wirkung mit der Ursache verwechselt. Der Wirkung nach könnten wir ja auch denken, daß Gott sich bewegt, so wie denn der Weise sagt: »Die Weisheit ist beweglicher als alles Bewegliche« (Weish 7,24). Das ist aber nicht so, weil sie sich bewegt, sondern weil sie Ursprung und Anfang aller Bewegung ist, wobei sie, »in sich selbst beharrend, alles erneuert« (Weish 7,27). Damit wird ausgedrückt, daß die Weisheit tätiger ist als alles Tätige. Und so müssen wir hier sagen, daß in dieser Bewegung die Seele die bewegte ist, die aus dem Schlaf ihrer natürlichen Sicht zur übernatürlichen Schau erweckt wird. Darum wählt sie sehr passend das Wort »Erwachen«.

8. Das liegt an den begrenzten Bedingungen unseres Lebens, daß wir denken, so wie wir selbst müßten auch die anderen sein, und daß wir in unserer Beurteilung anderer von uns selbst ausgehen und nicht wie von außen [objektiv] auf sie blicken können. So denkt der Dieb, daß alle stehlen, und der Lüstling meint, daß auch andere es seien, der Boshafte hält andere für boshaft, denn er urteilt von der eigenen Bosheit aus. Ebenso denkt der Gute gut von anderen, denn sein Urteil stützt sich auf die Gutheit, die er in sich selbst wahrnimmt, und dem Nachlässigen und Schläfrigen scheinen dies auch die Mitmenschen zu sein.
So kommt es, daß wir, wenn wir Gott gegenüber nachlässig und gleichgültig sind, meinen, Gott verhalte sich so zu uns. Man sieht es an Psalm 44, in dem David zu Gott spricht: »Steh auf, Herr, warum schläfst du? Steh auf!« (Ps 44,24), wobei er Gott die menschliche Eigenschaft des Sich-Niederlegens und Schlafens zuschreibt und meint, er müsse aufwachen und sich erheben. Während doch »Gott, der über Israel wacht, niemals schläft« (Ps 121,4).

9. Weil aber in Wahrheit alles Gute des Menschen von Gott kommt (vgl. Jak 1,17) und der Mensch aus sich nichts Gutes vermag, sagt man zu Recht, daß unser Erwachen Gottes Erwachen ist und unser Sich-Erheben das Sich-Erheben Gottes. Und darum ist es, als sagte David: »Wecke und erhebe uns, denn wir sind gefallen und schlafen.«[3] Die Seele schlief

3 Juan spielt hier auf den »Fall« der Erbsünde an. Darum sagt er wörtlich: »Wecke uns zweimal, denn wir sind auf zwei Weisen schlafend und gefallen.«

nämlich einen Schlaf, aus dem sie von selbst nicht zu erwachen vermochte. Nur Gott konnte sie wecken und ihr die Augen öffnen, deshalb spricht die Seele ganz richtig vom Erwachen Gottes, indem sie sagt: *Erwachst du in meinem Herzen.* Wecke uns auf, du mein Herr, und erleuchte uns, damit wir die Gaben erkennen und lieben, die du uns auf ewig bereitet hast! Und damit wir verstehen, daß du dich bewegtest, um uns Gnaden zu erweisen, und daß du unserer gedachtest!

10. Es ist völlig unsagbar, was die Seele in diesem Erwachen zu Gottes überragendem Sein fühlt und erfährt. Denn da sich ihr dieses in ihrem tiefsten Grunde mitteilt, in ihrem Herzen [oder Schoße], wie sie hier sagt, ertönt in ihr gewaltig der machtvolle Ruf der unabsehbaren Herrlichkeit tausender und tausender, ja, zahlloser Gotteskräfte. Während die Seele dem wie angewurzelt lauscht, wird sie fest und furchtgebietend ausgerichtet wie Heerscharen, zugleich aber lieblich und anmutig mit allem Liebreiz und aller Anmut der Geschöpfe versehen (vgl. Hld Vulg 6,3).

11. Aber hier regt sich Zweifel: Wie kann denn die Seele eine derart starke Mitteilung in der Schwachheit des Fleisches ertragen? Gibt es doch tatsächlich in ihr nicht die Grundlage und Kraft, um so viel ohne Bewußtseinsschwund auszuhalten! So erging es der Königin Esther beim bloßen Anblick des Königs Artaxerxes (Asuero): Als sie ihn auf seinem Thron sah mit seinen königlichen Gewändern im Glanz von Gold und Edelsteinen, erschreckte der furchterregende Anblick sie so, daß sie in Ohnmacht fiel. Sie gesteht es selbst, indem sie sagt, daß sie vor seiner großen Herrlichkeit so erschrak, daß

sie meinte, einen Engel mit seinem Antlitz voll der Gnaden vor sich zu sehen, weshalb sie das Bewußtsein verlor (Est 15,10.16). Denn die Herrlichkeit erdrückt den, der sie schaut, wenn sie ihn nicht selbst verherrlicht (Spr 25,27). Und um wieviel mehr mußte die Seele ohnmächtig werden, da sie keinen Engel, sondern Gott selbst erblickte, von dessen Antlitz die Gnadenfülle der ganzen Schöpfung strahlt, so daß sie ihn sah in seiner furchtbaren Macht und Herrlichkeit und das Schmettern der Scharen seiner Vollkommenheiten vernahm! Sagte doch Hiob: »Wenn wir schon so schlecht ein Flüstern ertragen, wie könnten wir dann die Gewalt des Donners aushalten?« (Ijob 26,14). Und an anderer Stelle sagt er: »Ich möchte nicht, daß er mich höre und mit mir streite in der Fülle seiner Macht. Denn das Gewicht seiner Größe würde mich wohl erdrücken« (Ijob 23,6).

12. Daß aber die Seele in diesem machtvollen und herrlichen Erwachen nicht in Ohnmacht fällt, hat zwei Ursachen: Erstens befindet sie sich bereits in einem Stande der Vollkommenheit, in dem der niedere Teil weitgehend geläutert und dem Geiste angepaßt ist. Darum fühlt sie nicht mehr die Beeinträchtigung und das Leiden, das Geist und Sinn verspüren, wenn sie ungeläutert und also unvorbereitet die Mitteilungen des Heiligen Geistes empfangen.

Und dennoch würde das allein nicht ausreichen, um nicht doch angesichts von so viel Größe und Glorie beschädigt zu werden. Denn wenn auch die Natur sehr rein sein mag, übersteigt die Mitteilung sie und würde ihr schaden, gleichwie auch eine Fähigkeit leidet, wenn sie überfordert wird. In diesem Zusammenhang versteht man, was wir von Hiob zitierten. Nein, es muß noch die zweite Ursache hinzukommen, sie erst ist entscheidend. Es handelt sich um das, was mit dem ersten Vers dieser Strophe angesprochen wurde: Der Heilige Geist erweist sich als *sanft.*

Denn ebenso wie Gott der Seele Größe und Glorie zeigt, um sie damit zu verherrlichen und zu beschenken, schützt er sie auch, daß sie keinen Schaden nehme, und hilft der Natur, indem der Heilige Geist seine Größe in Milde und Liebe zeigt und so dem Natürlichen entgegenkommt, wobei die Seele nicht weiß, ob dies innerhalb oder außerhalb des Leibes geschieht. Das vermag DER sehr wohl, der auch Mose beistand, damit er seine Herrlichkeit schaue (Ex 33,22).

Und so fühlt in ihm die Seele so viel Sanftheit und Liebe wie Macht und Größe und Herrlichkeit, denn in Gott ist alles eines. Und so ist die Seligkeit stark und stark der Beistand in Sanftheit und Liebe, um die große Seligkeit zu ertragen. Die Seele ist nun eher kraftvoll und mächtig als ohnmächtig. Daß Esther ohnmächtig wurde, war in der Haltung des Königs begründet, der ihr anfangs nicht gnädig gesinnt war, sondern, wie sie berichtet, mit glühenden Augen den Grimm in seinem Innern zeigte. Dann aber fand sie Gnade, so daß sie, als er sein Szepter ausstreckte, um sie damit zu berühren und um sie zu umarmen, wieder zu sich kam, während er ihr sagte: »Ich bin dein Bruder, sei unbesorgt!« (Est 15 Vulg 10-15).

13. Ebenso ergeht es der Seele mit dem König des Himmels: er begegnet ihr so freundschaftlich als Bruder und ihresgleichen, daß sie sich nicht mehr fürchtet. Zeigt er ihr doch nicht grimmig, sondern in Sanftheit die Stärke seiner Macht und die Liebe seiner Gutheit und teilt er ihr die Kraft und Liebe seines Herzens

mit, indem er seinen Thron verläßt und als Bräutigam zu ihr kommt in das Gemach, wo sie sich verborgen hatte (Ps 19,6). Dort neigt er sich über sie, berührt sie mit dem Szepter seiner Würde und umarmt sie als Bruder. Und hier sind nun für sie die königlichen Kleider und ihr Duft, nämlich die wunderbaren Vollkommenheiten Gottes. Hier ist Glanz des Goldes, nämlich die Liebe. Hier erhält sie die leuchtenden Edelsteine des Erkennens himmlicher und irdischer Wesenheiten. Hier schaut sie das Antlitz des WORTES voller Gnaden, der Gnaden, die in sie einströmen und sie als Königin kleiden. So daß sie sich, gewandet und verwandelt in die Vollkommenheiten des Himmelskönigs, zur Königin geworden sieht und wahrhaftig das Psalmwort Davids sprechen kann, nämlich: »Die Königin stand dir zur Rechten im Goldgewand, umgeben von farbiger Pracht« (Ps 45,10). Und weil alles dieses im innersten Grunde der Seele geschieht, sagt sie nun

Darin du allein verborgen wohnst

14. Sie sagt, er wohne *verborgen in ihrem Herzen*, weil, wie wir schon darlegten, diese innige Umarmung im Seelengrunde erfolgt.

Man muß sich klarmachen, daß Gott geheim und verborgen im Grunde aller Seelen wohnt, denn wäre dem nicht so, könnten sie nicht bestehen. Aber es gibt doch einen Unterschied bei dieser Einwohnung, und zwar einen großen: Denn in einigen Seelen wohnt er allein, in anderen nicht. In einigen gern, in anderen ungern. In einigen wohnt er wie im eigenen Hause, in dem er alles lenkt und anordnet. Und in anderen wohnt er als Unbekannter wie im fremden Hause, man läßt ihn darin nichts anordnen und nichts zu tun.

In der Seele, die von der geringsten Begehrlichkeit und Eigensucht bewohnt ist, findet er die größte Freiheit, so daß er gern dort ist und sich zu Hause fühlt. So lenkt und regiert er sie, und je verborgener er in ihr wohnt, um so alleiniger und freier ist er. In dieser Seele, die schon leer ist von anderem Begehren, von Bildern, Gegenständen, Bindungen an Geschaffenes, *wohnt verborgen der Geliebte.* Und seine Umarmung ist um so innerlicher und inniger und enger, als die Seele, wir sagten es, geläutert und frei wird von allem, was nicht Gott [was gottfremd] ist. Darum ist er so verborgen. Denn an solchen Ort und in eine solche Umarmung kann der Teufel nicht gelangen, und der menschliche Verstand vermag nicht zu erkennen, was da vorgeht.

15. O glücklich diese Seele, die immer fühlt, wie Gott in ihrem Herzen weilt, um zu rasten und zu ruhen. O wie sehr muß sie sich von allem fernhalten, alle Geschäftigkeit fliehen und in unendlicher Ruhe leben, damit auch nicht die kleinste Bewegung oder ein Geräusch das Innere des Geliebten beunruhige und störe. Denn meist schläft er bei dieser ehelichen Umarmung im Seelengrunde der Gattin, was diese sehr wohl spürt und durchaus zu schätzen weiß. Denn wäre er immer wach in ihr und würde sie ihn und seine Liebe ständig erfahren, so wäre sie schon im ewigen Leben. Wenn doch schon sein kurzes erwachendes Öffnen der Augen die Seele so erschüttert, wie wir es beschrieben haben, was würde dann wohl aus ihr werden, wenn er sich ihr in voller Wachheit ständig bemerkbar machte?

16. In anderen Seelen, die nicht zu dieser Unio mystica gelangt sind, weilt er nicht ungern, denn schließlich sind sie im Gnadenstand. Aber da sie noch nicht ganz bereit für ihn sind, bleibt seine Einwohnung ihnen selbst verborgen. Denn normalerweise erfahren sie ihn überhaupt nicht, es sei denn, er bringe sich ihnen angenehm in Erinnerung, wenn auch nicht auf die Weise und mit solchem Wert wie bei dem erwähnten Erwachen, mit dem ihr Erinnertwerden nichts zu tun hat. Auch ist dabei die göttliche Wohnung weder dem Verstande noch dem Teufel ganz unzugänglich. Denn diese Seelen können noch mit Hilfe der Sinnenbewegung erkennen, ohne deren Aufhören keine Gotteinung zustande kommt. Und sie sind noch selbsttätig und unruhig bezüglich des Geistigen, weil sie nicht ganz zum reinen Geiste [Hl. Geiste] vorgedrungen sind.

In jenem Erwachen aber des Bräutigams [Jesus Christus] in der vollendeten Seele ist alles, was geschieht und vorgeht, vollkommen, denn Gott tut alles. Und da er wie mit einem tiefen Atemzug zu erwachen scheint, verspürt die Seele mit nie gekanntem Glück die Hauchung des Heiligen Geistes in Gott. Darin wird sie überaus selig und in Liebe entflammt, was sie in folgenden Versen ausdrückt:

Und mit dem Wohlgeruch deines Atems,
Erfüllt von Heil und Herrlichkeit,
Wie innig machst du mich lieben!

17. Von diesem *Wohlgeruch seines Atems, erfüllt vom Heil und der Herrlichkeit der innigen Liebe* Gottes kann und will ich nicht sprechen. Denn ich sehe deutlich, daß Worte dafür nicht ausreichen, so daß man mit dem Gesagten nicht das

Gemeinte träfe. Es ist eine Hauchung Gottes, die der Seele in jenem Erwachen höchster Erkenntnis der Gottheit vom Heiligen Geiste zuteil wird nach dem Maße ihrer Einsicht und ihres Gotteswissens. Der Heilige Geist zieht sie mit seinem Atem tief in sich hinein und macht sie lieben mit göttlicher Innigkeit und Vollendung, so wie sie es in Gott geschaut hatte. Denn mit seinem *Atem, erfüllt von Heil und Herrlichkeit*, durchhaucht der Heilige Geist die Seele mit Heil und Herrlichkeit und macht sie lieben in den Tiefen Gottes, unsagbar und über alles Begreifen.

IHM sei Ruhm und Ehre in Ewigkeit! Amen.

Anmerkungen zur Hinführung

1 Vgl. Helmut Hatzfeld, Estudios Literarios sobre Mística Española, Gredos, Madrid 1955, Kapitel 9: La prosa de San Juan de la Cruz en la ›Llama de amor viva‹. Hatzfeld, bis zu seinem Tode Professor an der Katholischen Universität Washington, führt aus, warum die Mystik eines Juan de la Cruz »Krone und Giptel der spanischen wie der katholischen Mystik überhaupt« wurde, 20. Vgl. auch Karl Rahner: »Die Klassiker der spanischen Mystik sind die absolut gültigen und nahezu unersetzlichen Meister, wenn es darum geht, diese Lehre und Mystagogik der persönlichen Gotteserfahrung so zu entwickeln, daß sie verstanden werden kann.« (»Los clásicos de la mística española son perfectamente válidos y casi irreemplazables maestros, si es que interesa desarrollar una semejante doctrina y mistagogía de la experiencia personal de Dios de modo que pueden ser comprendidos«). In: Revista de Espiritualidad 29, Madrid 1970, 312.

2 In endgültiger Fassung 40 Strophen in der a.a.O. beschriebenen Form der »Lira«. Das berühmte Gedicht von der dunklen Nacht (acht Lira-Strophen) wurde nur bis zum Beginn der dritten Strophe kommentiert.

3 Man findet manchmal zitiert »O llama de amor vi*vo*«, was ebenso falsch ist wie die Übersetzung: »O Flamme lebendiger Liebe!«.

4 Zur Entstehungsgeschichte vgl. Eulogio Pacho, »Cuarto centenario da la ›Llama de amor viva‹, in: Monte Carmelo 93, 1985, 115-121.

5 Zitat von L. Ruano, der in diesem Zusammenhang auch auf die heutigen Verlautbarungen zur »Würde der Frau« hinweist, in: Obras… BAC 1991, a.a.O.,907.

6 Er schenkte seinem Arzt in Úbeda einige kopierte Blätter. Dieser bezeugte, daß Juan de la Cruz sich über Depressionen und Spannungen des Lebensendes durch Lektüre aus »Noche« und »Llama« hinweghalf. Vgl. Vorwort der Edition Lucinio Ruano de la Iglesia, San Juan de la Cruz, Obras completas, Biblioteca de Autores Cristianos 13/Madrid 1991, 909. Diese 13.

Edition der BAC-Ausgabe erhielt zum 400. Todestag des Heiligen und Kirchenlehrers eine neue Einführung, auch wurden die Manuskripte überprüft. Eine eigentlich kritische Edition gibt es nach der Aussage Ruanos trotz solcher Benennungen auf Titelseiten noch nicht, 65.
Die vorliegende deutsche Übersetzung der Fassung B stützte sich in erster Linie auf *J.V. Rodríguez* und *F. Ruiz Salvador*, San Juan de la Cruz, Obras completas, Edición Espiritualidad, Madrid 2/1980 (überarbeitet). Verglichen wurden Lucinio Ruano de la Iglesia, San Juan de la Cruz, Obras completas, Biblioteca de Autores Cristianos, 13/Madrid 1991; desgl. *Eulogio Pacho*, Monte Carmelo, Burgos 1990 und *C. de Jesús, M. del Niño de Jesús, L. Ruano*, Vida y Obras de San Juan de la Cruz, Biblioteca de Autores Cristianos, Madrid 10/1978. Ediert wurde in allen diesen Ausgaben Llama B auf der Grundlage einer Sevillaner Handschrift, die im Archivo Silveriano in Burgos (cajón 13, Buchstabe L) aufbewahrt wird. Daneben wurden und werden auch andere Codices benutzt. Der ebenfalls herangezogene Cristóbal Cuevas, Poesías, Llama de amor viva, Taurus, Madrid 1993, stützt sich auf das allen vertraute und der Sevillaner Handschrift fast gleichende Madrider Manuskript 17950 der Biblioteca Nacional. Ein Autograph gibt es nicht, als solche sind von Johannes vom Kreuz nur eine Aphorismensammlung und wenige Briefe erhalten. Die *Llama de amor viva* wurde 1618 erstmalig gedruckt, eine gewisse Absatznumerierung zeigte schon diese Ausgabe. Die deutsche Übersetzung verwendet die erwähnte Numerierung des Paters Silverio a Santa Teresa OCD. Einfügungen in eckiger Klammer stammen von der Übersetzerin. Die Bibelzitate richten sich überwiegend nach der Vulgata-Numerierung.

7 Hoffman und Campe, Hamburg 1994, S. 115. Im italienischen Original heißt es, wie mir der Verlag freundlicherweise mitteilte, an dieser Stelle ebenfalls »sua opera principale«.

8 Vgl. Ruano, BAC a.a.O., 8.

9 Obras ...II, 375f, zitiert in der BAC-Ausgabe von 1991, 906, vgl. oben.

10 Mit diesem vom Areopagiten geprägten Begriff ist Gottes unendliche Transzendenz gemeint, von der wir nur die Unerkennbarkeit erkennen.

11 Zu nennen wären hier neben Bernhard von Clairvaux, Bonaventura und den Victorinern vor allem Tauler und Ruusbroek, wenn auch manches nur in Anthologien vermittelt war. Insbesondere die Bilder von Holz und Feuer sind denen Taulers ähnlich. Vgl. Jean Orcibal, Saint Jean de la Croix et les mystiques-rhéno-flamands, Desclée de Brower, Paris 1966. (Spanisch: Universidad Pontífica de Salamanca, Madrid 1987).

12 »Warum ich ein Christ bin«, in: Didaskalia XI, 1981, 243.

13 Victorino Capánaga, San Juan da la Cruz, Valor psicológico de su doctrina, Madrid 1950, 20.

14 Variété, Études littéraires, *Cantiques spirituels*, in Oeuvres complètes, Gallimard, Paris 1965, I, 447.

15 Band 2, aus dem Nachlaß, 52 Atemzüge eines Sommertags, Verlag Rowohlt, Hamburg, 1978 und 1994, 1234.

16 Vgl. u.a. LB 3, 38.

17 Vgl. L. López Baralt, San Juan de la Cruz y el Islam, Colegio de México, Mexiko 1985, 84. Hier auch Werke über Mauthner und die moderne lateinamerikanische Literatur, z.B. Borges und Paz, angeführt.

18 Juan de Ávila (1499?-1569), heiliggesprochen 1970, wurde als jüdischer Konvertit zunächst verfolgt. Dann aber errang er ein solches Ansehen, daß er mit seinem Gutachten Teresa de Jesús (von Ávila) vor Verfolgung schützen konnte, zu der ihre Autobiogaphie herausforderte.

19 Vgl. E. Lorenz, Johannes vom Kreuz – Licht der Nacht. Eine fingierte Autobiographie mit authentischen Texten, Herder, Freiburg [2]1992.

20 Johannes vom Kreuz verwechselte bei seiner Angabe zur Lira am Ende seiner Erklärung zur ersten Strophe Garcilaso mit Boscán. Das war verständlich, denn er hatte den damals bekannten *Sebastián de Córdoba* im Sinne, der von den beiden großen Dichtern *Boscán* und *Garcilaso* in seinem berühmten Buch: »Las obras de Boscán y Garcilaso trasladadas en materias cristianas y religiosas« (Granada 1575), viele Gedichte vom Weltlichen ins Geistliche übertrug. Die Gedichte des begabteren Garcilaso sind hier als vierter Teil denen Boscáns zugeordnet, und man nannte das Buch damals »den Boscán«.
Auch der Strophenname »Lira« (Leier), der in der spanischen Renaissancepoesie zur wichtigsten Form für eine durchgeistigte Lyrik wurde, geht auf Garcilaso zurück, der innerhalb der mit seinem Namen verbundenen Form den Vers schrieb: »Si de mi baxa *lira* / tanto pudiesse el son...«. Johannes vom Kreuz jedoch verwandte das sechszeilige Reimschema abcabc, während die übliche Form der Lira ababb ist, mit einem unsymmetrischen Wechsel von Sieben- und Elfsilbern: a7-B11-a7-b7-B11. So verwendete sie Johannes in den Gedichten der »Noche oscura« und des »Cántico espiritual«. Die für die »Llama« gewählte Form a7-b7-C11-a7-b7-C11 ist also im Gesamtwerk Juans eine Ausnahme, begründet vielleicht durch die Symbolik der Zahl Drei, die auch Dantes Terzinen verklärte.

21 Es scheint, als habe Juan solche Vorbilder gekannt, z.B. Werke des aus Murcia stammenden Ibn Arabi (+ 1240), doch sind die Wege dieser Kenntnisse bisher unbekannt: Vgl Luce López Baralt, San Juan de la Cruz y el Islam, Colegio de México, Mexiko 1985 und Huellas del Islam en la literatura española, Hiperión, Madrid 1985.- Texte in: Annemarie Schimmel, Gärten der Erkenntnis, Diederichs, Köln 1982. – Man dürfte

auch an Möglichkeiten mündlicher Tradierung denken. Juan schrieb seine Werke in Granada, das damals nach nahezu 800 Jahren maurischer Herrschaft noch keine hundert Jahre wieder christlich war.

22 »Tiene aire extraño de futuro y modernidad«, in: Místico y maestro, San Juan de la Cruz, Ed. Espiritualidad, Madrid 1986, 8.

23 Im Original: »Usó de terminos no nuevos ni al pareçer desusados de la gente. Fue demas desto muy fiel tradutor, porque no se ató al rigor de la letra, como hazen algunos, sino a la verdad de las sentencias, y por diferentes caminos puso en esta lengua toda la fuerça y el ornamento de la otra, y assí lo dexó todo tan en su punto como lo halló.« (Garcilaso de la Vega, Obras completas, Ed. crítica de Elias L. Rivers, Castalia, Madrid 1981, 489).

24 Das gleiche Phänomen findet sich noch weit ausgeprägter bei den Sufis. Doch ist zu bedenken, daß ebenso bei Juan wie bei den islamischen Mystikern das Problem der Unsagbarkeit des mystisch Erfahrenen zu bewältigen war. Den arabischen Sufis stand hierfür eine vielschichtigere Sprache zur Verfügung. Vgl. Luce López Baralt a.a.O. und Annemarie Schimmel, Mystische Dimensionen des Islam, Diederichs, Köln 1985, 28-30. Die gleiche Vielschichtigkeit findet sich bei den Bildern, die gerade mit den Bibelzitaten oft bis zu inkohärenter Spannung zusammengefügt sind.

25 Vgl. Str. I, Anmerkung 3.

26 Vorbilder Cicero, Petrarca. Zur Bibel vgl. Helmut Hatzfeld, Estudios Literarios sobre Mística Española, Gredos, Madrid 1955, Kapitel 9: La prosa de San Juan de la Cruz en la › Llama de amor viva‹, 359-385.

27 Im Schlußwort der Dissertation des Koreaners *Pius Ri* über die *Erleuchtung in der Mystik des Juan de la Cruz* wird erkannt: »Die Mystik Juans zeigt, daß die mystische Seinserfahrung die geographischen Grenzen sprengt. (...) Es öffnet sich der Horizont einer neuen Zukunft aller religiösen Menschen, ja auch derer, die sich keines religiösen Glaubens bewußt sind.« (Europäische Hochschulschriften, Reihe XIII, Band 353, Peter Lang, Frankfurt, Bern, New York, Paris 1989, 269 und 278).